NUESTRO MARAVILLOSO JUEZ

Morando en su Amor

Allan W. Freed, PhD

ISBN-13: 978-1-4796-1661-9 (Paperback)
ISBN-13: 978-1-4796-1662-6 (ePub)
Library of Congress Control Number: 2022920059

Publicado por

Dedicatoria

A mi esposa Shirley
y nuestros tres hijos,
Nels, Janine y Darren.

Por lo demás, me está guardada la corona de justicia, la cual me dará el Señor, Juez justo, en aquel Día, y no sólo a mí sino también a todos los que aman Su venida.
2 Timoteo 4:8

* * *

Y se llamará Su nombre Admirable, Consejero, Dios Fuerte, Padre Eterno, Príncipe de Paz.
Isaías 9:6

Índice

SECCIÓN II
Cristo Nuestra Justicia y Santificación por Fé

SECCIÓN III
Cristo Nuestra Justicia y El Santuario

Prefacio

Hace algunos años asistí a una reunión de obreros Adventistas del Séptimo Día. Al final de una presentación, el orador abrió un espacio de preguntas y respuestas. Cuando llegó mi turno, leí la siguiente cita continuándola con una observación y una pregunta al final.

> "Busquemos al Señor de todo corazón, para que podamos encontrarlo. Hemos recibido la luz de los mensajes de los tres ángeles; y ahora necesitamos pasar al frente con decisión y tomar nuestra posición del lado de la verdad. El capítulo catorce del Apocalipsis es un capítulo de profundo interés. Este pasaje de las Escrituras pronto se entenderá completamente y los mensajes dados a Juan el Apóstol, se repetirán con clara pronunciación".[1]

"Puedo ver que se repite el mensaje del segundo ángel," dije. "Se repite en Apocalipsis 18:1–4, y el mensaje del tercer ángel se repetirá porque se dará con decidida eficacia en oposición a la legislación dominical. Mi pregunta es: ¿Qué hay del mensaje del primer ángel? ¿Se repetirá el mensaje de la hora del juicio cuando este pase de los muertos a los vivos?"

Desde la década de 1990, han aparecido varias publicaciones adventistas sobre el juicio. Al agregar este pequeño volumen, es mi deseo mostrar cómo podemos cooperar con nuestro Señor y Salvador en la fase final de la expiación. La bendición de la expiación final para los vivos es que nuestros pecados serán borrados y seremos sellados en unidad con Cristo por la eternidad. La intención de las siguientes páginas es apoyar a todos

[1] *Review and Herald*, 13 de Octubre, 1904.

los creyentes en su apreciación de este gran privilegio. Algunas frases y conceptos se repiten a propósito a lo largo del libro para que los nuevos lectores puedan familiarizarse con estas frases y conceptos.

Ruego que consulte las muchas referencias dadas para que los conceptos se conviertan en parte de su andar cristiano con Cristo. Un profundo agradecimiento y aprecio a todos los que me han animado a plasmar mi pensamiento sobre este tema por escrito. Quiero agradecer especialmente a Carol Nicks, al pastor Nathan James, al pastor David Beaudoin, a Keith Clouten, a Dale Burns, a Glen Pearson y otros que contribuyeron con sus valiosas sugerencias y puntos de vista. También debo un agradecimiento especial a mi esposa, Shirley, por su aliento silencioso y reflexivo a lo largo del camino.

Introducción

Desde mi conversión, he tenido un gran interés por la forma en que Jesús nos prepara para su pronto regreso. Es evidente que el pecado interrumpió la unidad y la comunión que la humanidad tenía con nuestro amoroso Padre celestial en el principio. Viendo el conflicto entre el bien y el mal, como se describe en las Escrituras, y a través de mi propia experiencia, me hizo buscar diligentemente mi papel en este gran conflicto. Los resultados de mi búsqueda son este libro, mediante el cual comparto con otros mi comprensión de cómo Dios, por medio de Cristo, nuestra Justicia, está restaurando nuestra unidad con Él, especialmente durante la fase final de la expiación: el juicio de los vivos. El proceso de expiación es el proceso de restaurar la "unidad" con Dios. Para cooperar con Dios en la restauración de esta unidad, necesitamos ver quién es Jesús y qué está haciendo por nosotros en el santuario celestial. Por lo tanto, la primera parte de este libro está dedicada a quién es Jesús.

Lo que he escrito es el resultado de toda una vida de oración, escudriñamiento de las Escrituras y el estudio del Espíritu de Profecía para comprender el plan de Dios para nuestra salvación. Los principios básicos para comprender la Biblia, así como los escritos de Elena G. de White (véase el APÉNDICE), han guiado mi búsqueda. Este breve trabajo resume mi entendimiento de que Cristo es ciertamente nuestro Juez Admirable. El término "Juez Admirable" es una combinación de conceptos de Isaías 9:6 y Hechos 10:42.

En este libro se presenta una descripción general de la salvación desde la Caída hasta la Restauración, con énfasis en la persona y la obra de Cristo como Justicia nuestra y Juez Admirable en el santuario celestial.[2]

---

[2] *Counsels on Stewardship*, p. 349.

La Sección I de este libro analiza la persona de Cristo y lo que Él llegó a ser por nosotros para que pudiéramos ser corregidos o justificados para con nuestro Padre celestial.

La Sección II examina como vivimos, qué es la santificación, mientras continuamos enfocándonos en la gran misericordia de Dios hacia nosotros en Cristo Jesús.

La Sección III es una reflexión acerca del santuario y sus imágenes en relación con Cristo nuestra Justicia y el plan de salvación a lo largo de las Escrituras.

Las primeras tres partes sientan las bases para la Sección IV, que llama la atención sobre la gran esperanza que tenemos en Cristo durante el juicio de los vivos cuando somos llevados a la unidad con Cristo. También enfatiza nuestra parte viviendo para Jesús y cooperando con Él en todos los aspectos.

La Sección V está incluída como un mensaje de advertencia para que no nos dejemos engañar en estos tiempos peligrosos por el fenómeno moderno en el mundo cristiano que se presenta a sí mismo como el cristianismo completo del Nuevo Testamento. Ciertamente, este engaño de los últimos días tiene la intención, si es posible, de engañar "incluso a los escogidos" (Mat. 24:24). Para lograr este fin, tendrá que verse y actuar como si estuviera completamente en armonía con las enseñanzas originales del Nuevo Testamento y presentarse como la fuerza dinámica para unir al cristianismo.[3] Es bajo esta triple unión de la "bestia", el "dragón" y el "falso profeta" (Ap. 16:13–15) que tiene lugar la aplicación final de la expiación en el cielo y se describe como una experiencia con un ladrón en la noche.

LA Sección VI nos recuerda que, a lo largo de la eternidad, los santos redimidos nunca se atribuyen justicia o crédito a sí mismos, porque toda la gloria, honor y alabanza por su salvación pertenecen a Cristo nuestro Señor. El cántico eterno de los redimidos será el cántico de Moisés y el cántico del Cordero. En esta breve obra, no he tocado la legislación

[3] *The Great Controversy*, pp. 588, 589.

dominical u otros eventos relacionados que son de interés para los Adventistas del Séptimo Día. Además, no pretende ser una discusión a favor o en contra de ningún debate teológico en el adventismo actual. Mi propósito es discutir nuestra cooperación con Jesús mientras él concluye su obra como nuestro gran Sumo Sacerdote en el santuario celestial. Oro porque este volumen te bendiga y aliente en tu gran viaje junto a Cristo hacia su reino eterno. Al leer acerca de su gran amor por nosotros, que te sientas inspirado para cooperar con Él plenamente en la fase final del Día de la Expiación, que nos prepara para enfrentar las pruebas finales de la historia de esta tierra.

SECCIÓN I

CRISTO: NUESTRA JUSTICIA Y JUSTIFICACIÓN POR FE

Capítulo 1

Cristo—El Segundo Adán

(A medida que vaya leyendo esta sección y la siguiente, tenga en mente que Jesús también es nuestro Juez Admirable.)

El apóstol Pablo escribió: "Y así está escrito: 'El primer hombre, Adán, se convirtió en un ser viviente'. El último Adán se convirtió en un espíritu que da vida" (1 Corintios 15:45). En el Capítulo 5 de Romanos, Pablo contrasta la ofensa de Adán con la vida justa de Jesucristo. Debido a la desobediencia de Adán a Dios, las consecuencias del pecado han permeado toda la creación. Toda la creación está sufriendo los efectos acumulados del pecado (Romanos 8:20–23). Cristo, como el segundo Adán, vino a traer restauración de los estragos que el pecado ha causado y está causando debido a la transgresión de Adán (Hechos 3:18–21).

Nuestra pecaminosa condición heredada del primer Adán

Al crear, Dios expresó su amor. Todo era hermoso y perfecto. Sin duda, todo era "muy bueno" (Gén. 1:31).[4] La intención de Dios para Adán y Eva era que disfrutaran de Su creación por la eternidad. Sabía que la felicidad de ellos sólo podía mantenerse si vivían de acuerdo con su palabra. Lo único que Dios requería de ellos era que creyeran y obedecieran (Mateo 4:4; Génesis 2:16, 17). Este era el tipo de requisito que un rey haría de

[4] *Conflict and Courage*, p. 15.

sus súbditos: vivan de acuerdo con mi voluntad para su bendición y bien, y seguirán disfrutando de lo que les he provisto. No fue un acuerdo entre iguales, aunque cada uno tenía un papel que desempeñar.

No fue un requisito gravoso que Dios hizo, porque Él había creado a Adán sin pecado y con grandes poderes intelectuales y de voluntad. No obstante, Adán no pudo mantener esta relación obediente. No fue el hambre lo que lo llevó a desobedecer a Dios. Tampoco fue el tamaño de la falta lo que provocó su alejamiento de Dios. Fue su incredulidad a la palabra infalible de Dios.

La serpiente primero sedujo a Eva a dudar de la palabra de Dios y luego a no creer. La consecuencia natural fue la rebelión contra Dios. Ahora rebelde, se convirtió en un instrumento de Satanás para tentar a su esposo a desobedecer. Adán eligió no creer en la palabra de Dios. Sabía lo que Dios había dicho, pero eligió rebelarse. Eligió la autoridad de otra persona en el lugar de Dios en su vida.

"La caída de Eva no fue porque creyera en Satanás, sino porque dejó de creer en Dios."

Como resultado al ser nosotros su posteridad, nacemos con una inclinación hacia el mal, una inclinación a no creer en Dios, a revelarse en su contra y a creer a Satanás. (Gen. 3:1–6; Heb. 3:17–19, 4:1, 2). Es importante que seamos conscientes de la secuencia. Primero viene la duda, acto seguido viene la incredulidad y después viene la rebelión. La caída de Eva no fue porque creyera en Satanás, sino porque dejó de creer en Dios. Como dice Elena G. de White: "En el juicio, los hombres no serán condenados porque creyeron a conciencia en una mentira, sino porque no creyeron en la verdad"[5] y "desaprovecharon las oportunidades enviadas por el cielo para aprender lo que es verdad."[6]

[5] *Patriarchs and Prophets*, p. 55.
[6] *The Desire of Ages*, p. 490.

La duda, la incredulidad y la rebeldía han sido el problema de la humanidad a lo largo de toda su historia. En Sinaí, los israelitas tuvieron la oportunidad de responder a Dios con plena fe (ver Heb. 4:2). Cuando Dios habló su santa ley desde el monte, el pueblo dijo: "Todo lo que el Señor nuestro Dios diga... lo oiremos y lo haremos" (Deut. 5:27).

La respuesta de Dios fue, "Oh, que tuvieran tal corazón en ellos que me temieran y guardaran siempre todos mis mandamientos." (Deut. 5:29). Es obvio que, si dudamos de lo que Dios dice, inevitablemente caeremos en pecado. Las Escrituras muestran claramente que, al comprometernos a vivir la vida cristiana sin la ayuda del Espíritu Santo, no podremos resistir las más mínimas sugerencias de Satanás para dudar. De hecho, de nuestros propios corazones salen tentaciones para complacer los deseos caídos e intenciones de nuestra naturaleza innata. (Jer. 17:9; Mateo 15:19; Marcos 7:21, 22; Rom. 1:24). Por lo tanto, el único remedio para nosotros, si hemos de crecer para creer lo que Dios dice y vivir en armonía con sus principios, es que seamos transformados en nuestra propia naturaleza (ver Juan 3:3; 3:5; Rom. 12:2).

El Segundo Adán y el Nuevo Pacto

Para efectuar esta transformación, Cristo vino, como el segundo Adán, para ser la cabeza de la raza humana, Uno que nos concedería una primogenitura en armonía con la santa ley de Dios. El "consejo de paz" entre el Padre y el Hijo (Zac. 6:13) resultó en la verdad de Juan 3:16.[7] Cristo vino a este mundo para tomar el lugar de Adán, para ser el nuevo hombre representativo de la raza humana, para que a través de Él se recuperara todo lo que Adán perdió.[8] Jesús se comprometió a estar a la cabeza de la familia humana para poder adoptar nuestra humanidad deformada y cubrir nuestras imperfecciones morales con la túnica blanca de su

[7] *The Seventh-day Adventist Bible Commentary*, vol. 7, p. 934; *Patriarchs and Prophets*, p. 63.

[8] *Patriarchs and Prophets*, p. 67; ver también Christian Support Group Learning Guides, URL, Guide Number 2, "Trouble Gets Its Start."

justicia y restaurar en nosotros la perfección que se perdió en Adán (véase Romanos 8:29; 1 Corintios 15:49).[9]

Para cumplir su promesa con el Padre, cuando llegó el cumplimiento de los tiempos, Jesús vino a este mundo diciendo: "He aquí, he venido—en el volumen del libro está escrito de mí—a hacer tu voluntad, oh, Dios" (Heb. 10:7).[10] Y de nuevo dijo: "Me deleito en hacer tu voluntad, oh, Dios mío, y tu ley está dentro de mi corazón" (Sal. 40:8). La obediencia de Jesús a la santa ley de Dios es el cumplimiento de su promesa y la de su Padre. Es la promesa de Jesús mismo, como representante del hombre, para cumplir en nuestro nombre todas las condiciones de todos los pactos que Dios hizo con la humanidad (Gálatas 3:27–29; Heb. 8:6).[11]

Hay varios pasajes de las Escrituras que muestran que Jesús es el segundo Adán (1 Corintios 15:45; 15:47; 15:22). Romanos 5:11–19 elabora más específicamente el contraste entre Cristo y Adán. El versículo 14 dice: "Sin embargo, la muerte reinó desde Adán hasta Moisés, incluso sobre aquellos que no habían pecado según la semejanza de la transgresión de Adán, *que es un tipo de Aquel que ha de venir*" (cursiva agregada).

Cuando Jesús nació en este mundo, fue llamado "el Santo" (Lucas 1:35). Nunca se dijo algo como esto de ninguno de los otros descendientes de Adán, ni podría serlo. Nacemos en la iniquidad, y nos desviamos desde el momento de nuestro nacimiento (Sal. 51:5; 58:3; Isaías 48:8). Pero Jesús es el Hombre que representa a la raza humana, el segundo Adán.[12] Él es "santo, sin daño, sin mancha, separado de los pecadores" (Heb. 7:26). No había nada en Él que cediera al pecado, ni inclinación al pecado, ni tendencias al pecado, ni propensiones al mal (Heb. 4:15; 2 Corintios 5:21; Juan 14:30). Él podría haber pecado tal como lo hizo Adán. Pero ¡no lo hizo! No hubo pecado en su ser, en sus pensamientos o en sus acciones. Él estaba "sin pecado" (Heb. 4:15). Él estaba tan perfectamente libre de pecado como lo estaba Adán en el momento en que Dios lo creó. Él tomó

---

[9] *The Faith I Live By*, p. 76.
[10] *The Seventh-day Adventist Bible Commentary*, vol. 7, p. 934.
[11] *The Seventh-day Adventist Bible Commentary*, vol. 7, pp. 931, 933.
[12] *Selected Messages*, libro 1, p. 253.

"su posición a la cabeza de la humanidad tomando la naturaleza, pero no la pecaminosidad del hombre".[13]

Así como Adán fue el hombre representativo en su creación y caída, así Cristo, ahora el segundo Adán, es el hombre representativo de toda la raza humana que lo acepta. "Por lo tanto, así como a través de la ofensa de un hombre el juicio vino a todos los hombres, resultando en condenación, así también a través del acto justo de un hombre, el don gratuito vino a todos los hombres, resultando en la justificación de la vida" (Rom. 5:18).

Su humanidad significa todo para nosotros.[14] Cuando aceptamos a Cristo por fe, somos adoptados en la familia celestial y participamos en la experiencia del Nuevo Pacto, el cual Cristo ha asegurado para nosotros (Romanos 8:15; Gálatas 4:5–7; Heb. 10:16).[15] Nuestros corazones, emociones e intenciones son cambiados de incredulidad y rebelión a amor y el deseo de hacer la voluntad de nuestro Padre celestial. La oración del apóstol Pablo por nosotros es: "Y el Dios de paz que resucitó de los muertos a nuestro Señor Jesucristo, el gran pastor de las ovejas, por la sangre del pacto eterno, os haga aptos en toda obra buena para que hagáis su voluntad, haciendo él en vosotros lo que es agradable delante de él por Jesucristo; al cual sea la gloria por los siglos de los siglos. Amén" (Heb. 13:20, 21).

El Padre y el Hijo, en los consejos eternos del cielo, hicieron un pacto eterno (Zac. 6:13) de que, si la humanidad pecaba, Cristo ofrecería su vida por su salvación.[16] Cuando en la cruz Jesús declaró: "Consumado es", se selló el pacto eterno. La salvación fue asegurada para todos. Dios el Padre, a través del profeta Isaías, dijo de Jesús: "Yo, el Señor, te he llamado en justicia, *y te tomaré de la mano; te guardaré y te daré como un pacto al pueblo, como una luz para los gentiles*" (Isaías 42:6, cursiva

[13] *Signs of the Times*, 29 de Mayo 1901.

[14] *Selected Messages*, libro 1, p. 244.

[15] *Selected Messages*, libro 1, p. 244.

[16] *Patriarchs and Prophets*, p. 63; *Testimonies for the Church*, vol. 8, p. 269; *Signs of the Times*, May 14, 1902.

agregada).[17] Jesús, como el segundo Adán, se convirtió en la garantía del pacto de salvación de Dios tanto para judíos como para gentiles. Él se convirtió en nuestra justicia. Él cumplió las afirmaciones más amplias de la santa ley de Dios (Sal. 119:96) para todos los que crean (Rom. 10:4).

Su vida representa la vida de todos nosotros.[18] Él ha llevado a la humanidad a los cielos más altos para sentarse en lugares celestiales con Él, es decir, en el santuario celestial (Efesios 1:3, 20; 2:6). Estos textos y Hebreos 9:23 usan la misma palabra clave: epouranios, que significa "celestial". En Hebreos se refiere al santuario celestial.[19] La justicia justificadora que tenemos a la diestra de Dios nos trae "paz con Dios por medio de nuestro Señor Jesucristo" (Rom. 5:1). Como el segundo Adán, Cristo ha restaurado, en relación del Nuevo Pacto con Dios, todo lo que el primer Adán perdió.

"Como el segundo Adán, Cristo ha restaurado, en relación del Nuevo Pacto con Dios, todo lo que el primer Adán perdió."

La relación de pacto defectuosa de la humanidad es redimida

Cuando Dios creó a Adán y Eva, su estado feliz sólo podía ser mantenido por la obediencia al Padre celestial (Génesis 2:16, 17).[20] Cuando Dios hizo un pacto con Abraham, Él dijo: "Camina delante de mí y sé intachable. Y haré mi pacto entre mí y vosotros, y os multiplicaré en gran manera" (Génesis 17:1, 2). El pacto que Dios hizo con los israelitas fue: "Obedecer y vivir" (Deut. 5:33; 8:1).[21] La historia revela los altibajos del pueblo del

---

[17] Ver también Isaías 49:8, 9 y Jeremías 33:14–16.

[18] *The Desire of Ages*, p. 762.

[19] Estos son ἐπουράνια (en Hebreos. 9:23) y ἐπουρανίοις (en Efesios 1:3, 20; 2:6). Ambos son plurales de la palabra raíz ἐπουράνιος, que significa "celestiales" en referencia a la localidad (ver *The Analytical Greek Lexicon*, New York, Harper y Brothers, n.d.).

[20] *Conflict and Courage*, p. 15.

[21] *Amazing Grace*, p. 136.

pacto de Dios. Sin embargo, como Salomón oró, "Cuando pecan contra ti (porque no hay nadie que no peque), ... y cuando regresen a ti con todo su corazón y con toda su alma... entonces escucha en el cielo, tu morada, su oración y su súplica... y perdona a tu pueblo que ha pecado contra ti" (1 Reyes 8:46–50). Cuando los israelitas fallaron en su relación de pacto con Él, Dios los llamó a regresar, y Él gentilmente los perdonó a través de la sangre del animal sacrificial, que prefiguraba la sangre de Jesucristo, el "Cordero de Dios" (Lev. 4:20–35; 5:10–18; Efesios 1:7; Juan 1:29).

Por lo tanto, en el Nuevo Pacto, Pablo podría decir: "Dios demuestra su propio amor hacia nosotros, en el sentido de que mientras todavía éramos pecadores, Cristo murió por nosotros. Mucho más entonces, habiendo sido justificados por su sangre, seremos salvos de la ira a través de Él. Porque si cuando éramos enemigos nos reconciliamos con Dios por la muerte de su Hijo, mucho más, habiendo sido reconciliados, seremos salvos por su vida" (Rom. 5:8–10). Cuando Jesús vino a nuestro mundo, hizo por la humanidad lo que la humanidad no podía hacer por sí misma (Heb. 10:5–17). Él es todo lo que deberíamos ser en nuestra relación del Nuevo Pacto con Dios el Padre. Sólo Cristo podía decir: "He aquí, he venido para hacer tu voluntad soberana, oh Dios'. Él quita el primero [es decir, el Antiguo Pacto] para poder establecer el segundo [es decir, el Nuevo Pacto]" (Heb. 10:9, traducción del autor).

La primera relación de pacto se basó en la obediencia del hombre (Deut. 5:27–29); la segunda se basa en la obediencia de Cristo como el segundo Adán para mostrar que el hombre, como Dios lo creó, pudo obedecer la santa y justa ley de Dios.[22] En esto Él se convirtió en la "garantía de un mejor pacto" (Heb. 7:22). El apóstol dice: "Pero ahora ha obtenido un ministerio más excelente, en la medida en que también es Mediador de un mejor pacto, que fue establecido en mejores promesas" (Heb. 8:6). Las mejores promesas son las promesas que Jesús mismo hizo para cumplir la santa ley de Dios en nuestro nombre. Él es "el fin [el cumplimiento

---

[22] *Selected Messages*, libro 1, p. 253; *The Seventh-day Adventist Bible Commentary*, vol. 7, p. 912.

completo] de la ley para justicia a todo el que cree" (Rom. 10:4).[23] "El fin", en este caso, significa que Cristo es la suma completa, porque la justicia no puede exigir nada más; es una justicia completa, santa, inmaculada, que tenemos en Cristo como un don gratuito imputado a aquellos que son adoptados en la familia de Dios. Por lo tanto, por su obediencia, Él se ha ganado el derecho de ser el mediador de este nuevo y mejor pacto (Heb. 9:15; 12:24).

Nosotros, entonces, somos llamados de las tinieblas a la maravillosa luz de Cristo nuestro Salvador para ser adoptados en una nueva relación de pacto con Él para que podamos "recibir la promesa de la herencia eterna" (Heb. 9:15; cf. 1 Pedro 2:9; Rom. 8:15–17). Al recibir a Cristo como Salvador, somos justificados por la fe en su justicia imputada, que Él ministra por nosotros en el santuario celestial. En esta justificación, participamos en el Nuevo Pacto con Cristo. La santa ley de Dios está grabada en nuestros corazones por el Espíritu de Cristo (2 Corintios 3:3). Somos transformados en personas que aman lo que Cristo ama y odian lo que Él odia (Gálatas 3:1, 2; Heb. 8:6–10; Rom. 8:1–4). Todo esto es posible porque Cristo es el segundo Adán, el nuevo Padre de la raza humana.

---

[23] "En el nuevo y mejor pacto, Cristo cumplió la ley en lugar de los transgresores de la ley, si ellos lo aceptan por fe como su salvador personal" (E. G. White, Letter 276, 1904, July 30, 1904, to David Paulson).

Capítulo 2

Cristo—Nuestro Nuevo Padre

Vida, los niños a menudo pierden a sus padres debido a una guerra, accidentes o enfermedad. Personas compasivas han establecido orfanatos en todo el mundo para cuidar a estos niños desafortunados. Nuestro Redentor prometió que no nos dejaría huérfanos (Juan 14:18). Al recibir a Cristo como Salvador y Señor, somos adoptados en la familia de Dios (Romanos 8:15, 16). A través de esta adopción, somos aceptados como hijos e hijas de Dios (Efesios 1:3–6; GVA 4:4–6; 1 Juan 3:2). Y, puesto que Cristo es el segundo Adán, se ha convertido, en un sentido especial, en un nuevo Padre espiritual para todos los que lo acepten.

Adoptado en la Familia de Dios

Una profecía del Antiguo Testamento se refiere a Cristo como nuestro "Padre Eterno". "Y su nombre será llamado Maravilloso, Consejero, Dios Poderoso, *Padre Eterno*, Príncipe de Paz" (Isaías 9:6, cursiva agregada para dar énfasis). Una manera de entender esto es reconocer que Él es uno con el Padre, como dijo de sí mismo en Juan 10:30. Puesto que esta profecía es acerca de Jesús, otra manera de entenderla es reconocer que, como el Mesías, Él es también el Consolador, Dios Poderoso y Padre eterno de aquellos que lo aceptan como Salvador.[24]

Una vez escuché una parábola sobre un niño pequeño que estaba jugando con los niños vecinos, diciéndoles a sus compañeros lo rica que

[24] *The Desire of Ages*, p. 483.

era su familia. Sin que él lo supiera, su padre perdió su fortuna a través de malas decisiones. Cuando el niño se enteró, solo pudo decir a sus compañeros de juegos: "Somos pobres". Con el paso del tiempo, su padre murió, y su madre se casó con un amigo de su marido que también era rico. Adoptó al niño como propio. Una vez más, el niño pudo decir: "Somos ricos". La pregunta es: ¿Qué hizo el niño para hacerse rico? No hizo más que aceptar su adopción en la familia. Esta simple historia ilustra nuestra difícil situación como pecadores. Adán, una vez rico, se hizo pobre a través de una muy mala decisión. En Adán, todos somos pobres, perdidos y sin riquezas eternas. Pero, en Cristo, nos hacemos eternamente ricos con todo lo que Dios, en su infinito amor y misericordia, tiene para ofrecer (Rom. 8:32). Nuestra riqueza no se debe a algo que hayamos hecho, sino a que somos hijos adoptivos de Dios. Note el profundo comentario de Elena G. de White.

"Nuestra riqueza no se debe a algo que hayamos hecho, sino a que somos hijos adoptivos de Dios."

"Todo lo que el hombre puede hacer para su propia salvación es aceptar la invitación: 'El que quiera, que tome el agua de vida libremente'. Apocalipsis 22:17".[25] De ahora en adelante crecemos en Cristo y aprendemos a vivir como hijos del Rey celestial (2 Pedro 3:18).

Otra historia, en 2 Samuel 9, ilustra la difícil situación de la humanidad después de la Caída. Mefiboset, como el único heredero sobreviviente de la dinastía del rey Saúl, estaba en línea para la realeza de Israel. En aquellos días, cualquier rival al trono sería asesinado. Sin embargo, David buscó a Mefiboset y lo llevó a su propia mesa para que lo cuidaran en la casa del rey como hijo mientras viviera. Mefiboset recibió un nuevo hogar y un nuevo padre, por así decirlo.

Es fácil ver la analogía con la humanidad. Nuestro primer padre, Adán, malogró la naturaleza humana para toda su posteridad debido a

---

[25] *Our High Calling*, p. 122.

su elección de seguir su propia sabiduría en lugar de depender de la palabra de Dios. Ahora somos pecadores por nacimiento, rebeldes y adversarios del Rey del universo. Debido a nuestra rebeldía, sólo merecemos la muerte. Pero Dios, en su misericordia, le dio a la descendencia de Adán un nuevo Padre (Isaías 9:6). Jesús no sólo es uno con el Padre, sino que también es el Padre eterno de la raza humana.[26] Él ha tomado a la humanidad sobre sí mismo para ser retenida por toda la eternidad (Juan 1:4; 1:14; Fil. 2:5–11).[27] Él es el "Hijo del Hombre", y Él regresará a la tierra por segunda vez como el "Hijo del Hombre" (Mateo 8:20; 16:27; Apocalipsis 14:14). Hebreos 10:5 dice literalmente: "En consecuencia, al entrar en el mundo, Él dice: 'No querías sacrificio y ofrenda, sino que Tú mismo me uniste completamente a Mí un cuerpo'" (Heb. 10:5, traducción del autor).[28] Elena G. de White declaró perspicazmente que, cuando "Cristo vino a este mundo", Él "vistió su divinidad con humanidad."[29]

Elena G. de White también escribió: "Al tomar sobre sí la naturaleza del hombre en su condición caída, Cristo no participó en lo más mínimo en su pecado".[30] Él no pecó en pensamiento, acción, ni en ningún aspecto de su naturaleza moral. Él era sin pecado pecado en todos los aspectos.[31] Si esto no fuera así, Él no podría ser nuestro Salvador. Él mismo necesitaría un salvador, y eso nunca podría ser. Al escribir sobre sí mismo, David describió a toda la humanidad: "He aquí, fui engendrado en la iniquidad, y en pecado me concibió mi madre" (Sal. 51:5). Pero de Jesús, el ángel dijo: "Aquel Santo ["Esa cosa santa", KJV] que ha de nacer será llamado el Hijo de Dios" (Lucas 1:35).[32] Muchos otros textos describen la

---

[26] *The Desire of Ages*, p. 483.

[27] *The Seventh-day Adventist Bible Commentary*, vol. 7, pp. 924, 925; *Selected Messages*, libro 1, p. 258.

[28] Ver también *The Seventh-day Adventist Bible Commentary*, vol. 7, p. 1103; y *Questions on Doctrine*, p. 675.

[29] *Christ's Object Lessons*, p. 244.

[30] *Signs of the Times*, 9 de Junio; Ms. 143, 1897.

[31] *Selected Messages*, libro 1, p. 256; ver también *The Seventh-day Adventist Bible Commentary*, vol. 7, p. 925; *The Seventh-day Adventist Bible Commentary*, vol. 7, pp. 1126–1131.

[32] *The Desire of Ages*, p. 55; *The Seventh-day Adventist Bible Commentary*, vol. 7, p. 1128.

completa ausencia de pecado de nuestro Salvador, el nuevo Padre de la raza humana.[33]

Una herencia sin pecado a través de nuestro nuevo Padre

Con respecto a Adán, Elena G. de White declaró que él "fue creado un ser puro, sin pecado, sin una mancha de pecado sobre él; era a imagen de Dios"[34] nuestro bendito Señor comenzó "donde comenzó el primer Adán. Voluntariamente pasó sobre el terreno donde cayó Adán, y redimió el fracaso de Adán".[35] Permaneció tan moralmente puro e inmaculado en su humanidad como lo fue Adán cuando salió de la mano creadora de Dios.[36] Las propensiones y tendencias al mal son el resultado de la caída.[37] Jesús no las tenía. Doy gracias a Dios que tenemos un nuevo Padre de la raza humana, uno que está en todos los sentidos en armonía con la santa voluntad de nuestro Padre celestial. En Él estamos llamados a una "herencia incorruptible y pura, que no se desvanece, reservada en el cielo" para nosotros (1 Pedro 1:4).

Nuestro maravilloso Padre Eterno de la raza humana es el segundo Adán, el hombre representativo en quien se cumple toda la justicia que se requiere de nosotros para tener comunión con un Dios puro y santo.[38] Nuestra herencia de vida eterna está segura en Él porque "Su vida está por la vida de los hombres."[39]

---

[33] Ver 2 Corintios 5:21; Hebreos 4:15, 2:17–18; Juan 14:30; y también *The Desire of Ages*, p. 55.

[34] *The Seventh-day Adventist Bible Commentary*, vol. 7, p. 1128; ver también Hebreos 4:15; 7:26.

[35] *Youth's Instructor*, 2 de Junio, 1898.

[36] *Questions on Doctrine*, pp. 650, 651; *The Seventh-day Adventist Bible Commentary*, vol. 7, p. 1081.

[37] Una "propensión" es una inclinación inherente a actuar de cierta manera.

[38] *Selected Messages*, libro 1, p. 367.

[39] *The Desire of Ages*, p. 762.

Capítulo 3

Cristo—Nuestro Sustituto

Fue herido por nuestras transgresiones,
Molido por nuestras injusticias;
El castigo por nuestra paz fue sobre Él,
y por sus heridas somos sanados. (Isa. 53:5)

El diccionario define "sustituto" como "una persona o cosa" que "toma el lugar o la función de otra".[40] Claramente Jesús tomó nuestro lugar e hizo por nosotros lo que nosotros no podíamos hacer por nosotros mismos. En los próximos capítulos deseo enfocar los términos "sustituto y garantía" y "modelo y ejemplo". Estos son términos que Elena G. de White usaba con frecuencia en referencia a la obra redentora de nuestro Salvador. Como nuestro Sustituto, Cristo nos amó y se dio a sí mismo por nosotros (Gálatas 2:20; Efesios 5:2) "para redimirnos de toda iniquidad y purificar para sí mismo a su propio pueblo especial, celoso de buenas obras" (Tito 2:14).

En el lugar de mi fracaso

La frase "sustituto y garante" tiene un significado especial y precioso cuando consideramos todo lo que conlleva. Para ser nuestro Sustituto, Cristo tenía que ser lo que el resto de la humanidad, después de la caída

[40] *Merriam-Webster Dictionary*, versión para iPad (accedido 5/31/18).

de Adán, no era.[41] Sólo una persona sin pecado podía estar en nuestro lugar y hacernos aceptables para un Dios santo. Un Dios cuyos ojos son demasiado puros para contemplar el mal (Efesios 1:6; Hab. 1:13). A medida que crecemos en nuestro estudio de lo que Cristo significa para nosotros, nos damos cuenta de muchas alusiones en la Biblia y el Espíritu de Profecía a que Cristo es nuestro Sustituto. Por ejemplo, así como el sumo sacerdote del antiguo Israel debía "llevar la iniquidad de la congregación" (Lev. 10:17, RVA, NET, etc.), así también Cristo llevó nuestros pecados en la cruz (1 Pedro 2:24; 2 Corintios 5:21).

La profecía de Isaías 53:4–6 predijo la obra sustitutiva de nuestro Salvador. "Ciertamente llevó Él nuestras enfermedades, y sufrió nuestros dolores; ... Todos nosotros, como ovejas, nos hemos extraviado; nos hemos vuelto, cada uno, a su propio camino; y el Señor ha puesto sobre Él la iniquidad de todos nosotros". Como nuestro sustituto, Él pagó la pena por nuestras transgresiones. "Por su conocimiento", obtenido a través de la experiencia, "mi Siervo justo justificará a muchos, porque Él llevará sus iniquidades (Isaías 53:11)". Pablo afirmó lo mismo en Romanos 5:6: "Porque cuando todavía estábamos sin fuerzas, a su debido tiempo Cristo murió por [es decir, en el lugar de] los impíos". Y de nuevo, escribió: "Pero Dios demuestra su propio amor hacia nosotros, en que mientras todavía éramos pecadores, Cristo murió por nosotros" (Rom. 5:8). Elena G. de White declaró perspicazmente: "No debemos estar ansiosos por lo que Cristo y Dios piensan de nosotros, sino por lo que Dios piensa de Cristo, nuestro Sustituto. Sois aceptados en el Amado. El Señor muestra, al que se arrepiente, al creyente, que Cristo acepta la entrega del alma, para ser moldeada y conformada según su propia semejanza."[42]

Cristo no solo murió la muerte que merecemos, sino que también vivió la vida que estamos obligados a vivir. "Porque si cuando enemigos fuimos reconciliados con Dios por la muerte de su Hijo, mucho más, habiendo sido reconciliados, seremos salvos por su vida (Romanos 5:10)". Es a través

---

[41] *Selected Messages*, libro 1, p. 256.

[42] *Selected Messages*, libro 2, p. 32.

de la fe en la obra sustitutoria de Cristo por nosotros que la ley de los Diez Mandamientos se establece para siempre (Romanos 3:31). Él vino a la tierra para cumplir la justicia de la santa ley de Dios, no sólo como nuestro Sustituto, sino también como nuestro Garante (Heb. 10:7–9; Sal. 40:8).[43] Su justicia es tan ilimitada como la ley de Dios es santa (Ps. 119:96).[44] Es debido a su santa vida y santa muerte que el Nuevo Pacto ahora puede cumplirse en todos los que lo aceptan por fe como su Sustituto. Él nunca dejará de redimirnos mientras nosotros, con plena seguridad (Heb. 10:22), vivamos en una relación de fe salvadora con Él. La fe salvadora es la fe que obra por amor y purifica el alma (Gálatas 5:6). Elena G. de White amplió aún más la fe salvadora cuando escribió: "Donde no sólo hay una creencia en la palabra de Dios, sino también una sumisión a Su voluntad; donde el corazón se entrega a Él, los afectos están fijos en Él, hay fe, fe que obra por amor y purifica el alma".[45] Y así es que "debemos centrar nuestras esperanzas del cielo sólo en Cristo, porque Él es nuestro sustituto y garantía."[46]

Aceptado en el Amado

Job lloraba de angustia mientras se sentaba en el montón de cenizas: "Pero ¿cómo puede un hombre ser justo ante Dios?" (Job 9:2). De hecho, ¿cómo puede una persona pecadora ser aceptada a los ojos de un Dios santo cuando Él es "de ojos puros para contemplar el mal, y no puede mirar la maldad" (Hab. 1:13). Nuestra mayor necesidad como pecadores es ser aceptados por nuestro Creador, un Dios santo y justo. Cuando somos aceptados por Él, Él nos trata como si fuéramos completa y

[43] Ver también *Steps to Christ*, pp. 62, 63; *Selected Messages*, libro 1, p. 270; y *The Desire of Ages*, p. 762.

[44] Ver también *Common English* and *Amplified Bibles*.

[45] *Steps to Christ*, p. 63.

[46] *Selected Messages*, libro 1, p. 363.

totalmente justos.[47] Esto es "para alabanza de la gloria de su gracia, por la cual nos hizo aceptados en el Amado" (Efesios 1:6). Es su gracia en Cristo Jesús, que Él nos ha dado libremente, lo que nos hace aceptables a los ojos de Dios. Usando metáforas del santuario, Elena G. de White escribió: "Los servicios religiosos, las oraciones, la alabanza, la confesión penitente del pecado ascienden de los *verdaderos creyentes* como incienso al santuario celestial, pero pasando por los canales corruptos de la humanidad, están tan contaminados que a menos que sean purificados por la sangre, nunca podrán ser de valor para Dios. *Ellos ascienden* no en pureza inmaculada, y a menos que el *Intercesor*, que está a la diestra de Dios, presente y purifique a todos por su justicia, no es aceptable para Dios."[48]

Es sólo a través de la justicia de nuestro bendito Señor que los verdaderos creyentes se acercan a nuestro Padre celestial. Se nos anima a venir "audazmente al trono de la gracia, para que podamos obtener misericordia y encontrar gracia para ayudar en tiempos de necesidad" (Heb. 4:16). Cuando venimos al Padre a través de Jesús, nuestro misericordioso Sumo Sacerdote, nunca seremos rechazados, no importa cuán pecaminosos nos sintamos o cuán pecaminosos nos veamos a nosotros mismos. Jesús dijo: "El que viene a mí, de ninguna manera lo echaré" (Juan 6:37).

"Cuando venimos al Padre a través de Jesús, nuestro misericordioso Sumo Sacerdote, nunca seremos rechazados, no importa cuán pecaminosos nos sintamos o cuán pecaminosos nos veamos a nosotros mismos."

Aunque somos seres humanos quebrantados, Dios nos ha dado una invitación especial para venir a Él en el nombre de Jesús. El apóstol Pablo dice:

[47] *Selected Messages*, libro 1, p. 367.

[48] *Selected Messages*, libro 1, p. 344, énfasis añadido.

"Viendo, pues, que tenemos un gran sumo sacerdote que, atravesado los cielos, Jesús el Hijo de Dios, mantengamos firme nuestra confesión. Porque no tenemos un Sumo Sacerdote que no pueda compadecerse de nuestras debilidades, sino que fue tentado en todo como nosotros, pero sin pecado. Acerquémonos, pues, con valentía al trono de la gracia, para obtener misericordia y encontrar gracia para ayudar en tiempos de necesidad" (Heb. 4:14–16). Podemos regocijarnos en su invitación misericordiosa. Al comentar sobre esta escritura, Elena G. de White también nos consuela con las siguientes palabras: "Venimos a Dios en el nombre de Jesús por invitación especial, y él nos da la bienvenida a su sala de audiencias, e imparte al corazón humilde y contrito esa fe en Cristo por la cual es justificado, y Jesús borra como una espesa nube sus transgresiones."[49]

[49] *Christian Education*, p. 128.

Capítulo 4

Cristo—Nuestro Garante

Como hemos visto, Jesús es el segundo Adán, el nuevo Padre de la raza humana, el representante del hombre, demostrando que el hombre, como Dios lo creó, podía obedecer todos los mandamientos de Dios con un corazón de fe, amor, devoción y adoración.[50] Por esta razón, Él es nuestro Sustituto en el Nuevo Pacto, que se establece en mejores promesas: la promesa de que Él mismo ha cumplido las afirmaciones más amplias de la santa ley de Dios para nosotros. Sin embargo, Él no sólo es nuestro Sustituto, sino que también es nuestra Garante en el nuevo y mejor pacto (Heb. 7:22).

Lo que significa "Garante"

Un incidente en mi vida hace varios años me ayudó a entender lo que significa "garante". Poco después de convertirme en cristiano, estaba trabajando para una empresa de construcción que tenía una barraca donde compartía una habitación con otro hombre. Cuando este hombre llegó a conocerme, me pidió que cofirmara un préstamo para él en el banco. En mi inexperiencia, le dije que pensaba que podía hacer eso. Fuimos juntos al banco y el banquero me preguntó si sabía lo que estaba firmando. Le pedí que me explicara. Me dijo que me convertiría en garante del préstamo si el hombre incumplía. Sin saber exactamente lo que significaba "garante", le pedí de nuevo que me explicara. Dijo que yo sería responsable de toda la

[50] *Selected Messages*, libro 1, p. 253; *The Seventh-day Adventist Bible Commentary*, vol. 7, p. 912.

cantidad de dinero si el hombre no pagaba el préstamo. No tardé mucho en darme cuenta de que no podía ser un garante para un hombre que yo escasamente conocía. Ahora sé que significa garante (1) "seguridad contra pérdida o daño, o para el pago de una deuda o el cumplimiento de una obligación", o (2) "una persona legalmente responsable de las deudas de otra".[51]

Bajo el Nuevo Pacto, Cristo se ha convertido en garante para nosotros. Continuamente nos quedamos cortos de los santos mandamientos de Dios (Romanos 3:23; Gálatas 3:22; Romanos 7:12, 14). Pero, como nuestro Sustituto y Garante, Cristo ha cumplido la ley por nosotros por su perfecta obediencia. Él es la suma de toda justicia que nos hace aceptables a Dios. Él llegó a ser "la garantía para que el hombre satisfaga por Su justicia en nombre del hombre, las demandas de la ley."[52] Cuando aprendí por primera vez esta bendita verdad, hizo que mi corazón cantara. Descubrí que tengo un Salvador que ha vencido la carne, el mundo y el mal, que es mi seguridad, y que puede reclamar todas las riquezas del cielo en mi nombre. ¡Él es Aquel que puede traerme comunión con la santidad infinita de Dios! ¡Qué maravilloso Salvador!

Justificación por la Fe en la Justicia de Cristo

Ahora, permítanme compartir algunas palabras acerca de la justificación por fe. Mi primera introducción al tema llegó tres años después de que me convirtiera. Me encontré con el pequeño libro Cristo Nuestra Justicia de A. G. Daniels. Me emocioné cuando lo leí, y le pregunté a mi maestro de Biblia por qué no había oído hablar de esto antes. Dijo que, dado que el tema es tan difícil de entender, nadie habla mucho de él. Eso fue entonces. Hoy en día no es un tema tan extraño, pero todavía escucho ideas confusas sobre lo que realmente es la justificación por fe. Y, supongo que

---

[51] *Random House Kernerman Webster's College Dictionary* (2005, 1997, 1991).

[52] *Selected Messages*, vol. 1, p. 257; ver también *The Seventh-day Adventist Bible Commentary*, vol. 7, p. 931, y *Selected Messages*, libro 1, p. 396.

no es de extrañar, considerando la siguiente declaración sobre la verdad de la justificación por fe, escrita por Elena G. de White: “El enemigo del hombre y de Dios no está dispuesto a que esta verdad se presente claramente; porque él sabe que, si el pueblo lo recibe plenamente, su poder se acabará. Si puede controlar las mentes para que la duda, la incredulidad y la oscuridad sea la experiencia de aquellos que dicen ser hijos de Dios, él puede vencerlos con la tentación.”[53] Te animo a leer el pequeño libro de A. G. Daniells y cualquier otro material que puedas encontrar sobre este tema.

Aquí hay otra declaración que inspira mi alma. Fue escrito dos años después de la presentación en 1888 sobre el mensaje de “Cristo nuestra justicia”.

“Se me ha presentado una y otra vez el peligro de entretener, como pueblo, falsas ideas de justificación por la fe. Se me ha demostrado durante años que Satanás trabajaría de una manera especial para *confundir* la mente en este punto. El punto que ha sido instado en mi mente durante años es la justicia *imputada* de Cristo. Me preguntaba por qué este asunto no se había convertido en el tema de los sermones en nuestras iglesias por toda la tierra, cuando ese asunto se ha mantenido tan constantemente instado sobre mí … No hay punto l que deba ser tratado más seriamente, repetirse con más frecuencia o establecerse más firmemente en la mente de todos que la imposibilidad del hombre caído de merecer algo por sus propias mejores obras. La salvación es a través de la fe en Cristo solamente.”[54]

La Justicia Imputada es por Fe

Hay dos tipos de justicia que se mencionan en los escritos de Pablo, y no deben confundirse. La primera es la “justicia que es por fe” (Rom. 9:30).

[53] *Review and Herald*, 3 de Septiembre, 1889, citado en *Christ Our Righteousness*, (1941), p. 54.
[54] Ellen G. White, Ms. 36, 1890, énfasis añadido.

Esta es la justicia de Cristo para nosotros en el santuario celestial. Es por la fe porque "la fe es la sustancia de las cosas que se esperan, la evidencia de las cosas que no se ven" (Heb. 11:1). La tenemos sólo por fe imputada a nosotros "aparte de las obras" (Rom. 4:6). La segunda es la "justicia de la ley… [la cual es] cumplida en nosotros que no andamos según la carne, sino según el Espíritu" (Rom. 8:3, 4, véase RVA).

Por lo tanto, la justicia que es por fe entonces no se ve. Está reservada en el cielo para nosotros, donde la polilla no puede comer ni el óxido corrompe (Mateo 6:20; 1 Pedro 1:3–5). Tenemos esta justicia imputada, contada y contabilizada para nosotros a través de la fe. Es la justicia de Cristo en la que no hay sombra de cambio (Santiago 1:17). Es la mismo ayer, hoy y siempre (Heb. 13:8). Es la justicia que satisface plenamente las afirmaciones más amplias de la santa ley de Dios (Sal. 119:96; Rom. 10:4).[55] Es la justicia que nos justifica y nos hace aceptados en el Amado (Efesios 1:6; Rom. 5:1, 2). Es la justicia del Nuevo Pacto (Heb. 10:7, 9). Deja que esta justicia se convierta en el tema y la canción de tu vida. Vive por ella y muere por ella. Es tu única esperanza. Una vez más, escuche las palabras alentadoras de Elena G. de White al pecador, arrepentido y creyente.

"La justicia es obediencia a la ley. La ley exige rectitud, y esto le debe el pecador a la ley; pero es incapaz de hacerlo. La única manera en que puede alcanzar la justicia es a través de la fe. Por fe puede llevar a Dios los méritos de Cristo, y el Señor coloca la obediencia de su Hijo en la cuenta del pecador.[56] La Justicia de Cristo es aceptada en lugar del fracaso del hombre, y Dios recibe, perdona, justifica, el alma arrepentida y creyente, lo trata como si fuera justo, y lo ama como ama a su Hijo. Así es como la fe se cuenta como justicia."[57] La Justicia *Imputada* se pone en nuestra cuenta

[55] *The Great Controversy*, p. 489.

[56] Dondequiera que yo veo el uso de Ellen White del término "méritos de Cristo", lo entiendo como que significa Su vida justa sustitutiva y muerte en mi favor y Su intercesión por mí en el santuario celestial (Romanos 8:34).

[57] *Selected Messages*, libro 1, p. 367. Meade MacGuire y M. L. Andreason publicaron sus monumentales obras sobre la victoria en Cristo antes de que se publicaran los manuscritos en *Selected*

en el cielo. La Justicia *Impartida* se convierte en *parte* de nosotros a través del Espíritu Santo en nuestro interior.

La Justicia Impartida es de la Ley Escrita en nuestro Corazones

Por otro lado, la justicia de la ley en nuestra vida, a través de la obra del Espíritu Santo en nosotros, es nuestra respuesta al cooperar con Cristo por todo lo que Él ha hecho por nosotros. Cuando Cristo lo ha dado todo por nosotros, ¿cómo podemos hacer algo menos que darle todo? ¿Cómo podemos decir que, si Cristo lo ha hecho todo, podemos vivir como nos plazca o que no importa cómo vivamos? Es el epítome del egoísmo decir: "¡Si mis obras no cuentan para mi salvación, entonces no haré nada por Dios y viviré como me plazca!" ¡Que nunca lo sea! Como Pablo, diremos, yo soy un esclavo, un siervo, de Cristo (Rom. 1:1). Es la fe en la justicia de Cristo ministrada en nuestro nombre en el santuario celestial lo que trae el Espíritu Santo a nuestras vidas (Gálatas 3:1–5). Al describir cómo el nuevo nacimiento viene a través de la obra de gracia del Espíritu Santo en el creyente, Jesús señaló que este nacimiento desde arriba viene como resultado de mirar a Cristo como los hijos de Israel miraron a la serpiente de bronce que fue levantada en el desierto en el tiempo de Moisés (Juan 3:14, 15). Al recibir a Cristo, el Espíritu Santo escribe la ley de Dios en nuestros corazones (2 Corintios 3:3; Heb. 8:10) y nos permite vivir la vida cristiana.

Con su ley ahora escrita en nuestros corazones, buscamos vencer las obras de la carne mirando con fe a Cristo nuestra justicia en el santuario celestial. "Porque todo lo que nace de Dios vence al mundo. Y esta es la victoria que ha vencido al mundo: nuestra fe" (1 Juan 5:4). Ponemos nuestra fe en la justicia de Cristo para nosotros en el santuario celestial porque,

---

Messages, libro 1, en 1958. En parte, esto explica su énfasis en la obra interior de la gracia como justicia por fe.

como está escrito, "la justicia sin mancha sólo se puede obtener a través de la justicia imputada de Cristo".[58] Entonces, "cuando estemos revestidos con la justicia de Cristo, no disfrutaremos del pecado; porque Cristo estará trabajando con nosotros. Podemos cometer errores, pero odiaremos el pecado que causó los sufrimientos del Hijo de Dios".[59] Nuestras buenas obras al vivir para Cristo son "proclamar las alabanzas de Aquel que nos llamó" "de las tinieblas a su luz maravillosa". (1 Pedro 2:9; cf. 2 Corintios 3:3; Heb. 10:16; 1 Juan 2:15–17). "Porque por gracia habéis sido salvos por la fe, y no por vosotros mismos; es el don de Dios, no de las obras, para que nadie se jacte. Porque somos su obra, creada en Cristo Jesús por buenas obras, que Dios preparó de antemano para que anduviéramos en ellas" (Efesios 2:8–10).

La justicia que Dios obra en nosotros por la presencia y el poder del Espíritu Santo es la justicia impartida de Cristo, y es la justicia *impartida* que se convierte en parte de nosotros mientras permanezcamos "en Cristo" (Colosenses 1:27, 28). Sin embargo, esta justicia nunca debe confundirse con su justicia *imputada*, que nos cubre ante las justas demandas de la ley sagrada de Dios en el santuario celestial.[60] La justicia impartida es la justicia por la cual somos santificados, es decir, apartados continuamente para vivir por nuestro Señor Jesucristo.[61] En esta justicia, "crecemos en la gracia y el conocimiento de nuestro Señor y Salvador Jesucristo" (2 Pedro 3:18).[62] John Calvin usó el sol como una ilustración de

"Así como no confundiríamos ni sustituiríamos la luz del sol por su calor, así no debemos confundir la justicia imputada de Cristo, que nos justifica, con la justicia impartida de Cristo, que nos santifica."

[58] *Review and Herald*, 3 de Septiembre, 1901.
[59] *Review and Herald*, 18 de Marzo, 1890.
[60] *Steps to Christ*, p. 62.
[61] *Child Guidance*, p. 162; *Christ's Object Lessons*, p. 65.
[62] Ver también Clifford Goldstein, "Beyond Logic," *Adventist Review*, 23 de Enero, 2003, p. 28.

los diferentes aspectos de la justicia. Como el sol da calor y luz, así mismo Cristo da justicia imputada e impartida.[63] Así como no confundiríamos ni sustituiríamos la luz del sol por su calor, así no debemos confundir la justicia imputada de Cristo, que nos justifica, con la justicia impartida de Cristo, que nos santifica.

Un Resumen de "Cristo Nuestra Justicia"

Cristo es santo y justo. Él vivió una vida sin pecado, y murió en nuestro lugar.

(1) Cristo nos imputa su justicia.

Cristo nos cubre con su justicia para satisfacer las justas demandas de la santa ley de Dios en el santuario celestial. Esta es la justicia de la fe (Romanos 9:30; 8:34; Isaías 53:12; Heb. 4:14; 8:1).

Aceptamos la redención en Cristo por fe y estamos ante nuestro santo Dios justificados. (Romanos 3:24–28; 4:6–7).

(2) Cristo nos imparte su Justicia.

Cristo pone su justicia en nuestros corazones a través del Espíritu Santo (2 Corintios 3:3) para que podamos crecer en gracia. Esta es la "justicia de la ley" (Rom. 8:4).

Respondemos en cooperación con la obra de santificación de Cristo en nuestras vidas (Romanos 6:1, 2, 12–15; 3:31).

[63] John Calvin, "Of Justification by Faith," *The Institutes of The Christian Religion*, Beveridge edition (1863), Book 3:11.

SECCIÓN II

CRISTO NUESTRA JUSTICIA Y SANTIFICACIÓN POR FÉ

Capítulo 5

Nacido en Su Familia

"¿Pueden dos caminar juntos, a menos que estén de acuerdo?" (Amós 3:3)

Jesús oró para que pudiéramos ser uno con Él y estar con Él en gloria (Juan 17:24). La gracia compasiva de Dios para nosotros es traernos de vuelta tan completamente a la unidad con Él que seremos capaces de morar con Él por la eternidad. Durante la bendición de la fase final de la expiación (que produce esta unidad), nuestros pecados deben ser borrados y seremos sellados para vivir en armonía con nuestro Salvador.[64] Dios nos lleva a este punto a medida que crecemos en gracia al cooperar con Él en todas las cosas.

Algunos llaman a nuestro crecimiento en la gracia de nuestro Señor Jesucristo santificación. Otros lo ven como *el desarrollo del carácter*. Como sea que lo llamemos, sabemos que hay una transformación maravillosa en nuestras vidas cuando aceptamos a Cristo como Salvador y permanecemos en Él. Nuestro crecimiento en la gracia culminará al reflejar plenamente la imagen de Jesús antes de entrar en su reino eterno.[65] Dios ha ordenado que seamos "conformados a la imagen de su hijo" (Rom. 8:29).

---

[64] *Christian Experience and Teachings of Ellen G. White*, p. 105.

[65] Necesitamos recordar la parábola de la semilla en crecimiento en Marcos 4:26–29. La planta es perfecta en cada etapa. Cuando el grano completo está en la espiga, la imagen de la semilla se reproduce perfectamente. De hecho, no reflejamos la imagen de Jesús *completamente* sino hasta la sexta plaga. *(Ver The Great Controversy*, p. 621; *Christ's Object Lessons*, p. 69; y *Early Writings*, p. 71).

Las Escrituras y el Espíritu de Profecía nos enseñan cómo cooperar con Jesús para que podamos crecer y ser como Él. Es imperativo que comparemos pasaje con pasaje al buscar los escritos de Elena G. de White sobre este tema. A medida que busquemos en sus escritos todo lo que hay sobre un tema dado y leamos sus comentarios en contexto, nos libraremos de convertirnos en espiritualmente incorrectos.

La necesidad de un nuevo nacimiento

Debemos comenzar este tema con una palabra sobre la experiencia del nuevo nacimiento y nuestra cooperación con Jesús para vivir en el Espíritu con Él. Es esencial entender que experimentamos el nuevo nacimiento mirando a Jesús y aceptando lo que Él ha hecho por nosotros, como se describió en los capítulos anteriores. Jesús dijo: "Y así como Moisés levantó a la serpiente en el desierto, así también debe ser levantado el Hijo del Hombre, para que todo aquel que cree en Él no se pierda, sino que tenga vida eterna" (Juan 3:14, 15). Aceptar la santa vida y muerte de Jesús por nosotros es la única manera de experimentar el nuevo nacimiento. Pablo nos muestra la necesidad de contemplar a Jesús como nuestro Salvador para recibir el Espíritu Santo. Después de predicar lo que describió en Primera de Corintios como "Cristo y Él crucificado" (1 Corintios 2:2), Pablo preguntó: "¿Recibisteis el Espíritu por las obras de la ley, o por el oír de la fe?" (Gálatas 3:1–3). La respuesta obvia es que recibimos el Espíritu Santo por fe en lo que Cristo ha hecho por nosotros.

La forma en que miramos a Cristo y a Él crucificado es a través de su santa Palabra (Romanos 10:17). La Palabra y el Espíritu están en armonía (Juan 6:63). Recibimos el Espíritu al creer en la Palabra de Dios, que eleva a Cristo como nuestro Señor y Salvador. El Espíritu es "dado como un agente regenerador... El pecado podía ser resistido y vencido sólo a través del poderoso albedrío de la Tercera Persona de la Deidad... Es por el Espíritu que el corazón se hace puro. A través del Espíritu, el creyente se convierte en partícipe de la naturaleza divina. Cristo ha dado su Espíritu como un poder divino para vencer todas las tendencias al mal heredadas y cultivadas, y para imprimir su propio carácter en su iglesia".[66] Es sólo un carácter que es justo e intachable lo que llevaremos al cielo.[67] Y tal carácter lo recibimos de Cristo por fe.

Jesús dijo que debemos vivir por cada palabra que viene de Dios. Ya sea la Escritura, el Espíritu de Profecía o la verdad de Dios proclamada desde el púlpito, es a través de la Palabra que Cristo es levantado. Al contemplar a Cristo en la Palabra a través de la fe, experimentamos el nuevo nacimiento. El apóstol Pedro, al hablar del nuevo nacimiento, usó una palabra con un tiempo que es difícil de traducir al inglés (ver 1 Pedro 1:23).[68] Significa tanto "haber nacido de nuevo (NKJV)" como "nacer de nuevo (KJV)". En armonía con la enseñanza de Pablo, Pedro dice que este nuevo nacimiento se produce a través de la "palabra de Dios que vive y permanece para siempre" (1 Pedro 1:23). Afirma que el nuevo nacimiento no es algo de una sola vez. Es por eso que, en varios lugares, Elena G. de White habla de convertirse diariamente. Esta conversión diaria significa responder a la palabra de Dios todos los días a medida que crecemos en la gracia y el conocimiento de su santa voluntad (2 Pedro 3:18).[69] Esta conversión diaria a la voluntad de Dios es la experiencia que todos debemos tener para vencer las tendencias pecaminosas en nuestras vidas (1 Juan 5:4, 5; 2:15–17). Debido a a presencia del Espíritu Santo, el poder de conversión de Dios puede y transformará nuestras tendencias heredadas y cultivadas al mal si le entregamos nuestras vidas sin reservas. La experiencia de un nuevo nacimiento se demuestra por una vida cambiada (Juan 3:3–6; 2 Corintios 5:17).[70] Tratar de entender o vivir la vida

---

[66] *The Desire of Ages*, p. 671.

[67] *Christ's Object Lessons*, p. 332.

[68] La palabra griega es ἀναγεγεννημένοι.

[69] *The Seventh-day Adventist Bible Commentary*, vol. 6, p. 1055; *Loma Linda Messages*, p. 465; Ms. 8b, 1891.

[70] *The Adventist Home*, p. 206.

cristiana sin experimentar el nuevo nacimiento es intentar una imposibilidad (1 Corintios 2:14).[71]

Sin embargo, la experiencia de cada individuo puede ser diferente. El nuevo nacimiento puede ser dramático o imperceptible. Mucho antes de que la persona se dé cuenta de la presencia de Dios en su vida, el Espíritu Santo está incitando a la mejora moral.[72]

Pero es el nuevo nacimiento a través de la Palabra y el Espíritu lo que implanta en nosotros una nueva naturaleza, una naturaleza espiritual (Juan 3:3–8; 6:63; 1 Pedro 1:23; 2:9; 2 Pedro 1:3, 4). Entonces crecemos más y más para vivir en armonía con su santa voluntad a medida que cooperamos con la guía del Espíritu Santo en nuestras vidas (Gálatas 5:22–25).

> *“Tratar de entender o vivir la vida cristiana sin experimentar el nuevo nacimiento es intentar una imposibilidad.”*

La ley de Dios, escrita en nuestros corazones por el Espíritu Santo a través del nuevo nacimiento (Heb. 8:10; 2 Corintios 3:3, 17), es el único estándar verdadero de vida moral (Romanos 8:3, 4).[73] Es de vital importancia que reconozcamos que la ley de Dios debe ser escrita en toda el alma de la persona, es decir, en la mente, las emociones y las mismas intenciones y deseos del corazón. Cualquier cosa que no sea esto es un engaño. Sin embargo, con una entrega sin reservas a Cristo y la plena aceptación de su Espíritu Santo obrando en nuestras vidas, habrá amor, paz y deleite en tener su santa ley escrita en nuestros corazones.[74] La santa ley de Dios de Diez Mandamientos, que son una transcripción de su carácter, es una ley de amor. Nos muestra cómo se comporta el amor (Romanos 13:8–10). Por lo tanto, cuando la ley del amor está escrita en nuestros corazones, amaremos como Cristo amó, con amor supremo a

[71] *Steps to Christ*, p. 59; *The Desire of Ages*, p. 172.
[72] *Steps to Christ*, pp. 57, 26.
[73] *Christ's Object Lessons*, p. 315; *Selected Messages*, libro 1, p. 317; *The Great Controversy*, p. 7.
[74] Salmos 119:77, 92, 165, 174; 40:8; 2 Tesalonicenses 2:10, 11, 12; Mateo 5:43–46.

Dios y con amor a nuestro prójimo como a nosotros mismos (Marcos 12:29–31).

Como se ve el nuevo nacimiento

Elena G. de White tenía mucho que decir sobre el desarrollo del carácter. Como se mencionó anteriormente, el desarrollo del carácter y la santificación son esencialmente la misma cosa. Sin embargo, antes de pasar a sus escritos que enfatizan el desarrollo del carácter, quiero compartir el concepto del pecado y la salvación del apóstol Juan. A menos que sepamos qué es el pecado y cómo cooperar con Jesús para tratarlo en nuestras vidas, seremos cristianos batallando y muy infelices. Esta sección requiere reflexión reflexiva y meditación para comprender los conceptos presentados. Una vez que los entienda, cooperar con Jesús será el gozo de su vida.

Juan dice: "El que ha nacido de Dios no peca, porque su simiente permanece en él; y no puede pecar, porque ha nacido de Dios" (1 Juan 3:9).

Cuando leí este pasaje por primera vez, pensé: "*¡Guau! Esa no es mi experiencia*." Comencé a dudar si realmente había nacido de nuevo. Al profundizar en el significado de este versículo, descubrí que Juan está diciendo: *Aquellos que nacen de Dios no pueden seguir viviendo continuamente en pecado*. El nuevo nacimiento les ha dado una nueva naturaleza y ha implantado la semilla de la palabra de Dios en sus corazones a través del Espíritu Santo. En consecuencia, no pueden seguir crucificando "de nuevo para sí mismos al Hijo de Dios" (Heb. 6:6) pecando contra Él. El siguiente diagrama es lo que encontré que es la doctrina del pecado de Juan revelada en 1 Juan 3:9 y 2:1–2, en lo que se refiere a nuestra naturaleza espiritual y pecaminosa. Tenga en cuenta, en el diagrama, los elementos designados por los números en negrita. Hay siete en total.

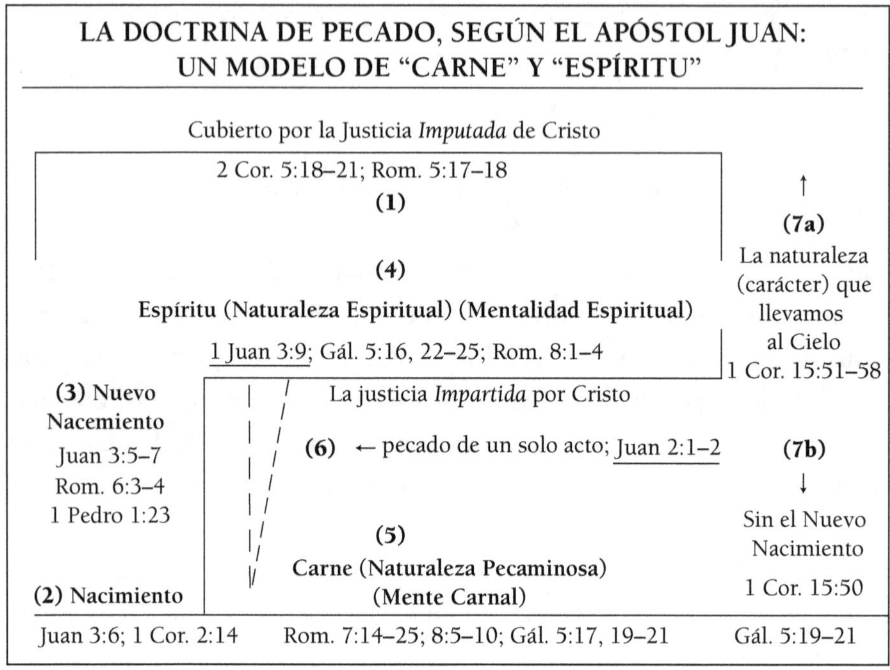

Debemos notar primero que la justicia imputada de Cristo envuelve al mundo⁽¹⁾, porque "Dios estaba en Cristo reconciliando al mundo consigo mismo, no imputándoles sus ofensas" (2 Corintios 5:19; véase también Romanos 5:17, 18; 1 Juan 2:2).[75] Esta justicia, sin embargo, se vuelve efectiva para nosotros individualmente sólo cuando aceptamos a Cristo como nuestro Salvador personal (1 Tim. 4:10). Por esta razón, el Espíritu Santo obra en los corazones de todas las personas para llevarnos a Cristo (Juan 16:8; Jer. 31:3; Juan 1:9).

La línea de abajo, en el diagrama, indica el curso de la vida de una persona sin Cristo. Lo que nace de la carne es del nacimiento natural humano⁽²⁾ con todos sus rasgos, propensiones y tendencias al mal.[76] Sin el nuevo

[75] *Steps to Christ*, p. 68.

[76] En las Escrituras, la carne en oposición al espíritu lleva el pensamiento hebreo de lo humano en oposición a lo divino, no el pensamiento griego de cuerpo en oposición a alma. En el Nuevo Testamento, la carne también se conoce como "reino de las tinieblas", "amor al mundo". La "carne" también puede significar el carácter que tenemos aparte de Cristo (Romanos 7:18).

nacimiento, no podemos heredar el cielo[(7b)]. Cuando aceptamos a Cristo como Salvador, experimentamos un nuevo nacimiento[(3)]. En su Evangelio, Juan escribió: "A cuantos lo recibieron, a ellos les dio el derecho de convertirse en hijos de Dios, a los que creen en su nombre: los que nacieron, no de sangre, ni de la voluntad de la carne, ni de la voluntad del hombre, sino de Dios" (Juan 1:12, 13). De hecho, en el Nuevo Testamento, Jesús fue el primero en contrastar los conceptos de "carne" y "espíritu" (Juan 3:6).

A través del nuevo nacimiento, una nueva naturaleza espiritual se implanta en el corazón del creyente[(4)].[77] En esta nueva naturaleza, los creyentes viven en el Espíritu con Cristo. Entonces, al vivir en la nueva naturaleza espiritual con Cristo[(4)], una persona no puede seguir pecando, es decir, viviendo en la naturaleza pecaminosa[(5)]. No podemos servir a dos amos al mismo tiempo (Mateo 6:24). Romanos capítulos 7 y 8, y Gálatas 5 retratan claramente la guerra entre la antigua naturaleza pecaminosa[(5)] y la nueva naturaleza espiritual.[(4)] (véase también 2 Corintios 5:17).

Pero, debido a las tendencias hacia e pecado, heredadas y cultivadas que permanecen, el creyente, a veces, tropieza y cae, como se describe en la segunda parte de la doctrina del pecado de Juan, 1 Juan 2:1, 2. "Hijitos míos, estas cosas les escribo, para que no pequen [es decir, caigan en pecado de un solo acto[(6)]]. Y si alguien peca [es decir, sucumbe a la depravación de la naturaleza pecaminosa], tenemos un Abogado con el Padre, Jesucristo el justo. Y Él mismo es la propiciación por nuestros pecados, y no sólo por nuestros pecados, sino también por los del mundo entero". Tenga en cuenta las imágenes del santuario de este texto. "Propiciación" significa "sacrificio expiatorio", es decir, la sangre sacrificial aplicada al propiciatorio del arca del pacto.

Para resumir el diagrama, la doctrina del pecado de Juan es el contraste y la comparación de 1 Juan 3:9, "El que ha nacido de Dios no peca, porque su simiente permanece en él; y no puede pecar, porque ha nacido de Dios", con 1 Juan 2:1, "Hijitos míos, estas cosas os escribo, para que no pequéis. Y si alguien peca, tenemos un Abogado con el Padre,

[77] *Steps to Christ*, pp. 58, 43, 18.

Jesucristo el justo". Es un contraste entre vivir continuamente en el Espíritu con Cristo.[4] y caer en pecado de un solo acto[6], arrepintiéndose, y volviendo a caminar en el Espíritu con Cristo nuevamente[4]. A pesar de que pecamos, Juan nos asegura que tenemos a Jesús como nuestro Abogado en el santuario celestial para presentar su sangre para el perdón de nuestros pecados (1 Juan 2:1, 2). De hecho, es cuando descuidamos nuestro caminar con Cristo en la naturaleza espiritual[4] que realmente caemos en pecado[6]. Es el pecado el que nos separa de Dios (Isaías 59:2). Es por eso que el pecado es algo tan horriblemente terrible.

Cuando se trata de reconocer el pecado en nuestras vidas, una conciencia sensible puede traer sobre sí una carga de culpa que no es de Dios. Ciertamente Satanás es el acusador que trata de hacernos sentir que nuestro caso no tiene esperanza. Es sólo a través del Espíritu Santo que podemos llegar a entender nuestra verdadera condición. Usando la providencia y las circunstancias, las Escrituras, la razón y la conciencia, el Espíritu Santo nos convence del pecado y nos lleva a Cristo como Salvador. Con respecto al cristiano nacido de nuevo, Elena G. de White declaró: "Se verá un cambio en el carácter, los hábitos, las búsquedas. El contraste será claro y decidido entre lo que han sido y lo que son. El carácter es revelado, no por buenas acciones[4] y fechorías ocasionales[6], sino por la tendencia de palabras y actos habituales."[78] Así que mi consejo es: no deje que Satanás le golpee enfocándose en la pecaminosidad de su vida. Venga a Cristo y acepte continuamente su justicia que le cubre desde el santuario celestial.

"No se puede enfatizar lo suficiente de que la nueva experiencia de nacimiento cambia nuestros apegos emocionales y nuestra forma de pensar."

No se puede enfatizar lo suficiente de que la nueva experiencia de nacimiento cambia nuestros apegos emocionales y nuestra forma de

[78] *Steps to Christ*, p. 57.

pensar. Pablo escribió: "Pero el fruto del Espíritu es amor, gozo, paz, paciencia, benignidad, bondad, fidelidad, mansedumbre, dominio propio. Contra tales cosas no hay ley. Y los que son de Cristo han crucificado la carne con sus pasiones y deseos(5). Si vivimos en el Espíritu, caminemos también en el Espíritu"(4) (Gal. 5:22–25). Es evidente entonces que lo que solíamos amar antes de la conversión ahora lo odiamos y viceversa.[79] A lo que están unidas nuestras emociones es lo que tenderemos a hacer (Juan 14:15; 15:1–11, NVI). Si nuestras emociones todavía están unidas a las cosas del mundo, entonces la batalla será dura entre la carne y el Espíritu (Gálatas 5:16, 17; 1 Pedro 2:11). Por otro lado, si morimos al yo y vivimos para Cristo, con nuestras emociones unidas a Él, viviremos su vida (2 Corintios 3:18; Gálatas 2:20).[80] Aquí está entonces el contraste entre poner nuestros afectos de la vida espiritual en Cristo Jesús o apreciar el "afecto desmesurado" (RVA) por las cosas del mundo (Colosenses 3:1–17; 1 Juan 2:15–17). La santificación que trae el desarrollo del carácter es realmente un enfoque de amor del corazón, y, como dijo una vez el pastor Randy Roberts de la Iglesia Adventista del Séptimo Día de la Universidad de Loma Linda, "El enfoque conduce al éxito".

Entonces esta es la tensión entre la carne y el Espíritu. Ambos, la naturaleza espiritual y la naturaleza pecaminosa presionan por expresarse. Pero el resultado de este conflicto es paz y gozo si continuamos permaneciendo en Cristo (Juan 15:1–11). Es al permanecer en Cristo que experimentamos una transformación del carácter moral que refleja su imagen; y el carácter es lo que llevamos al cielo(7a). Elena G. de White nos recuerda: "Un carácter formado de acuerdo con la semejanza divina es el único tesoro que podemos llevar de este mundo al siguiente".[81] No basta con modificar nuestro comportamiento exterior. Los pensamientos e intenciones del corazón deben ser transformados a través de la morada del Espíritu Santo. "Si los pensamientos están equivocados, los sentimientos estarán equivocados; y los pensamientos y sentimientos combinados

---

[79] *Steps to Christ*, p. 58.

[80] *Christ's Object Lessons*, pp. 311, 312.

[81] *Christ's Object Lessons*, p. 332.

conforman el carácter moral."[82] Reflejar la imagen de Jesús es amar lo que Él ama y odiar lo que Él odia (Heb. 1:9). Por las indicationes y el poder habilitador del Espíritu de Dios que mora en nosotros, estamos capacitados para elegir en qué morarán nuestros pensamientos y afectos, ya sea en nuestros pecados acariciados vinculados a este mundo o en el amor y la compasión de Dios en Cristo. Así que, "dejemos de lado todo peso, y el pecado que tan fácilmente nos atrapa, y corramos con resistencia la carrera que se nos presenta" (Heb. 12:1).

Ahora, mientras el proceso de desarrollo del carácter está ocurriendo en nuestras vidas, el carácter perfecto de Cristo está delante de Dios en el santuario celestial en sustitución de nuestros caracteres imperfectos[(1)].[83] Como hemos señalado anteriormente, Él es nuestro Sustituto y Garante en todas las cosas. La verdad de estas palabras se cumple entonces en nosotros: "Cuando estemos revestidos de la justicia de Cristo, no disfrutaremos del pecado; porque Cristo estará trabajando con nosotros. Podemos cometer errores, pero odiaremos el pecado que causó los padecimientos del Hijo de Dios."[84]

A través del arrepentimiento y la fe, al confesar nuestros pecados, somos aceptados en Cristo como si nunca hubiéramos pecado (Efesios 1:6; Hechos 20:20, 21).[85] Al recibir continuamente a Cristo y permanecer en Él, recibimos su justicia, la cual nos es impartida[(4)].[86] Su justicia permea nuestro carácter, y somos llenos de su Espíritu. Todo lo que necesitamos en un carácter justo se encuentra en Cristo (Colosenses 2:9, 10; Fil. 4:19; 2 Pedro 1:3, 4).[87]

A medida que avanza la santificación por la fe, las nobles gracias de gran corazón del Espíritu Santo comienzan a madurar en el carácter. Las tendencias heredadas y cultivadas al mal están siendo superadas. Sin

---

[82] *In Heavenly Places*, p. 164.

[83] *Steps to Christ*, p. 62; *The Desire of Ages*, p. 762; *Selected Messages*, libro 1, p. 367.

[84] *Review and Herald*, 18 de Marzo, 1890.

[85] *Testimonies for the Church*, vol. 5, p. 472; *Steps to Christ*, p. 62.

[86] *Thoughts from the Mount of Blessing*, p. 18; *Christ's Object Lessons*, p. 327.

[87] *Christ's Object Lessons*, pp. 316, 317, 330.

embargo, "cuanto más te acerques a Jesús, más culpable pareces ante tus propios ojos; porque tu visión será más clara, y tus imperfecciones serán vistas en amplio y distinto contraste con su naturaleza perfecta. Esto es evidencia de que las alucinaciones de Satanás han perdido su poder; que la influencia vivificante del Espíritu de Dios te está despertando."[88]

A medida que uno se mueve por la vida, los pecados puntuales de un solo acto de 1 Juan 2:1 se volverán cada vez menos. El hábito de vivir en el Espíritu con Cristo será como si siempre hubiera sido así. La identidad con Cristo se vuelve tan completa que, cuando uno lleva a cabo sus propios impulsos, no está sino llevando a cabo la voluntad de Dios.[89] Los pensamientos y sentimientos que componen el carácter moral (la cualidad del alma revelada en la conducta) estarán en armonía con Cristo.[90] Odiamos lo que Él odia y amamos lo que Él ama.[91] Y así se establece que "la fe y el amor son los elementos de trabajo esenciales y poderosos del carácter cristiano."[92]

El desarrollo del carácter es el foco de toda una vida, al igual que la santificación.[93] La santificación es vivir en armonía con la santa ley de Dios. Dios está tratando de desarrollar en nosotros un reflejo de su carácter a través de la vida en su palabra por el Espíritu Santo (Sal. 119:11). "Nadie necesita dejar de alcanzar, en *su esfera*, la perfección del carácter cristiano". Hay una razón para esto. "En su humanidad, perfeccionada por una vida de constante resistencia al mal, el Salvador mostró que, a través de la cooperación con la Divinidad, los seres humanos pueden en esta vida alcanzar la perfección de carácter."[94] (Véase Efesios 5:26, 27; 1 Tesalonicenses 5:23.) Esto significa que es posible vivir con nuestros

---

[88] *Steps to Christ*, p. 64.

[89] *The Desire of Ages*, p. 668.

[90] *Child Guidance*, p. 161; *Testimonies for the Church*, vol. 5, p. 310; considere Gálatas 5:16–25 y Efesios 2:1–10 en relación con nuestra naturaleza espiritual y pecaminosa. De hecho, en cada carta Pablo pasa mucho tiempo llamándonos a vivir en los atributos del Espíritu. Nótese también, que cada uno trata con pensamientos y sentimientos. Y como Elena de White afirma perspicazmente, "los pensamientos y sentimientos combinados conforman el carácter moral." *In Heavenly Places*, p. 164.

[91] *Steps to Christ*, p. 58.

[92] *Our Father Cares*, p. 21.

[93] *Counsels to Parents, Teachers, and Students*, p. 61; *Christ's Object Lessons*, pp. 65, 66.

[94] *Acts of the Apostles*, p. 531, énfasis proporcionado.

pensamientos, sentimientos e intenciones imbuidos del Espíritu Santo en armonía con la santa ley de Dios y nunca caer en los clamores de la naturaleza pecaminosa(6).[95] La clave de la victoria es la humanidad imbuida de Divinidad (2 Pedro 1:4).

Justicia Imputada e Impartida en Equilibrio

Cuando Pablo dice: "No permitáis que el pecado reine en vuestro cuerpo mortal, para que lo obedezcáis en sus lujurias" (Rom. 6:12), debemos reconocer que nuestra naturaleza pecaminosa está siempre presente para contaminar nuestras buenas obras. Elena G. de White nos ayuda a mantener todo en perspectiva. "El Espíritu obra sobre nuestros corazones, sacando oraciones y penitencia, alabanza y acción de gracias... Los servicios religiosos, las oraciones, la alabanza, la confesión penitente del pecado ascienden de los *verdaderos* creyentes como incienso al santuario celestial, pero pasando por los canales corruptos de la humanidad, están tan contaminados que a menos que sean purificados por la sangre, nunca podrán ser de valor para Dios. No ascienden en pureza inmaculada, y a menos que el Intercesor, que está a la diestra de Dios, presente y purifique a todos por su justicia, no es aceptable para Dios."[96] Sería bueno leer este pasaje en contexto y meditar en él todos los días.

Como se puede ver en el diagrama anterior, la naturaleza pecaminosa permanece con nosotros hasta que Jesús regrese (1 Corintios 15:53–57)(7a). Por lo tanto, Elena G. de White pudo decir conmovedoramente: "No podemos decir: 'Estoy libre de pecado', hasta que este cuerpo vil sea cambiado y moldeado como su cuerpo glorioso. Pero si constantemente buscamos seguir a Jesús, la bendita esperanza de estar ante el trono de Dios sin mancha o arruga, o cualquier cosa por el estilo es nuestra; completo en Cristo, vestido de su justicia y perfección."[97] John Wesley dijo: "Cristo ciertamente

[95] *Desire of Ages*, p. 311.

[96] *Selected Messages*, libro 1, p. 344, énfasis proporcionado; ver también *Acts of the Apostles*, p. 561.

[97] *Signs of the Times*, 23 de Marzo, 1888.

no puede *reinar*, donde reina el pecado: tampoco morará donde se permita el pecado. Pero Él *está* y *habita* en el corazón de todo creyente, que está luchando contra todo pecado; aunque aún no se haya purificado, según la purificación del santuario."[98] Y, como Wesley es a menudo parafraseado diciendo: "El pecado permanece, pero no reina."[99]

Un carácter "conformado a la imagen de su Hijo" (Rom. 8:29) es la marca de propiedad de Dios sobre su pueblo. Es Él quien nos da arrepentimiento y fe para el perdón de los pecados (Hechos 5:31). Es Él quien borra nuestros pecados por amor a su nombre (Isaías 43:25). Es Él quien nos convence de pecado en nuestras vidas para que podamos confesar y enviar todos nuestros pecados de antemano al juicio (Juan 16:8; 1 Tim. 5:24).[100] Es Él quien nos dio el mensaje de salud para que podamos tener mentes claras para discernir las cosas espirituales.[101] Aunque las Escrituras están repletas de mandamientos para la vida santa y el desarrollo del carácter,[102] nuestro compasivo Salvador nos dio el Espíritu de Profecía en los escritos de Elena G. de White para que podamos saber cómo, en la fase final de la expiación, lidiar con el pecado en nuestras vidas.[103]

---

[98] John Wesley, *Sermons on Several Occasions* (London, 1829), vol. 1, p. 121, énfasis en el original.

[99] "'El pecado no puede existir en ningún tipo o grado, donde no reina'. Absolutamente contrario a toda experiencia, a toda escritura, a todo sentido común. El resentimiento de una afrenta es pecado, es ανομια, disconformidad a la ley del amor. Esto ha existido en mí miles de veces. Sin embargo, no lo hizo, y noha reinado" (John Wesley, *Sermons on Several Occasions*, I, p. 125).

[100] *Testimonies for the Church*, vol. 5, p. 331. Esta frase, "antes del juicio", se presenta aquí, ya que se usará a lo largo de este volumen. Elena de White lo usa en múltiples lugares (*The Faith I Live By*, p. 210; *The Great Controversy*, p. 620; *Historical Sketches of the Foreign Missions of the Seventh-day Adventists*, p. 155; etc.), refiriéndose al juicio en el santuario celestial en el antitípico Día de la Expiación. Es especialmente aplicable para la expiación final por los vivos. Las imágenes del santuario del Nuevo Testamento significan que esta frase es el lenguaje del Día de la Expiación. Levítico capítulo cuatro indica que el pecado fue transferido en figura al santuario, enviado antes del juicio del Día de la Expiación, el registro del pecado fue removido para siempre del santuario y el creyente en el ciclo anual del Día de la Expiación cuando los pecados fueron borrados (Lev. 16).

[101] *Counsels on Diet and Foods,* pp. 33, 47–52.

[102] Romanos 6; 1 Corintios 15; 2 Corintios 5:14–7:1; Gálatas 5:16–26. Note que Pablo dice: "... los que practican tales cosas no heredarán el reino de Dios", v. 21; y exhorta a los creyentes a "no andar más como el resto de los gentiles andan" (Efesios 4:17–5:16; Fil. 2:1–16; Colosenses 3; 1 Tesalonicenses 5:14–23; y muchos otros textos similares a lo largo de los escritos de Pablo). Estos textos nos ayudan a saber de qué arrepentirnos y reclamar la victoria por la fe en la justicia imputada de Cristo.

[103] *The Faith I Live By*, p. 210.

Conclusión

La bendición de la santificación por la fe es nada más y nada menos que vivir en el Espíritu con Cristo y desarrollar toda cualidad de vida espiritual implantada en el alma por su gracia. Aunque se hereda un carácter defectuoso (Sal. 51:5), hay dentro de nosotros los elementos de conciencia, los pensamientos y los sentimientos, y la voluntad y la razón, que pueden ser santificados y alistados en el lado de Cristo.[104] Con la nutrición espiritual apropiada y el entrenamiento bajo la influencia y el poder de conversión del Espíritu Santo, una persona puede crecer en el desarrollo del carácter a tal punto que los rasgos de carácter defectuosos heredados y cultivados serán superados y el carácter de Cristo se reflejará en el creyente.

El proceso de por vida de la santificación por fe solo se completará después de que el tiempo de gracia se haya cerrado. Durante la sexta de las siete últimas plagas, el tiempo de problemas es necesario porque nuestra "mundanalidad debe ser consumida, para que la imagen de Cristo se refleje perfectamente", entonces Jesús regresará.[105] Así cumplirá Dios lo que nos ha asegurado: que estamos predestinados a ser "conformados a la imagen de su Hijo" (Rom. 8:29). La promesa de Jesús es: al "que vence [es decir, al que vence la tentación de no cooperar con Jesús al ser transformado a su semejanza] le concederé sentarse conmigo en mi trono, como yo también vencí y me senté con mi Padre en su trono" (Apocalipsis 3:21). Él es fiel y nos llevará a través de experiencias que nos llevarán a reflejar su carácter si continuamos para permanecer en Él. Entonces un carácter moral, que refleje la imagen de Jesús, es lo que llevamos de este mundo al siguiente**(7a)**.[106]

[104] *Counsels to Parents, Teachers, and Students*, p. 192.

[105] *The Great Controversy*, p. 621.

[106] *Christ's Object Lessons*, pp. 332, 69.

Capítulo 6

Cristo—Nuestro Modelo y Ejemplo

Así pues, ¿Qué modelo debemos seguir ahora que hemos aceptado a Jesús como nuestro Salvador? Doy gracias a Dios que no nos ha dejado en la ignorancia acerca de cómo debemos responder a su gran amor por nosotros. Él nos ha dado un ejemplo en la vida de su propio Hijo de que debemos "andar como Él caminó" (1 Juan 2:6) y "seguir sus pasos" (1 Pedro 2:21). Pablo dice que debemos amar como Cristo nos ha amado al darse a sí mismo por nosotros (Efesios 5:2). Sin embargo, he aprendido por experiencia que, sin Cristo continuamente en mi vida y cubriéndome con su justicia, no puedo hacer nada que sea aceptable para Dios (Juan 15:4, 5).

Al Contemplar nos transformamos

Por lo tanto, el apóstol Pablo nos instruye a mirar continuamente a Jesús, que es tanto el autor (el único que justifica) como el consumador (el único que santifica) de nuestra fe (Heb. 12:2). Porque es al "contemplar", es decir, al estudiar su vida como nuestro modelo de vida cristiana que se nos muestra tanto en la Biblia como en los escritos de Elena G. de White, que somos transformados para vivir como Él (2 Corintios 3:18). Esta es su obra de santificación en nosotros. La santificación también significa ser apartado para una vida santa continua. A través de su gracia, Cristo nos santifica por su sacrificio en el Calvario, la obra del Espíritu Santo y la Palabra de Dios, todos trabajando juntos en armonía para nuestra salvación (Heb. 10:10; 2 Tesalonicenses 2:13; Juan 16:17).

Dios no desea que alguien perezca (2 Peter 3:9). Por lo tanto, Dios ha hecho todo lo posible, por así decirlo, para ganar nuestra cooperación con Él para que Él pueda hacer por nosotros lo que es imposible para nosotros hacer sin Él (Jer. 31:3; Ezequiel 33:11; Juan 15:5).

Transformados para una vida Santificada

El propósito de Dios para nosotros es que seamos cambiados en naturaleza al punto que podamos vivir en paz con Él por la eternidad (Romanos 12:2). No solo eso, sino que también deberíamos regocijarnos y alegrarnos en su santa presencia sin temor ni vergüenza (Apocalipsis 15:2–4). A través de la victoria de Cristo, el fracaso de Adán debe ser completamente revertido. Sin embargo, Dios no puede revertir ese fracaso para nosotros sin nuestra cooperación.

“El propósito de Dios para nosotros es que seamos cambiados en naturaleza al punto que podamos vivir en paz con Él por la eternidad.”

Permítanme compartir con ustedes el supremo llamado de Dios en Cristo Jesús para que vivamos en armonía con su voluntad. En los escritos de Elena G. de White, leo que Jesús es mi modelo y ejemplo, y debo seguir su ejemplo al vivir la vida cristiana.[107] He visto, sin embargo, que algunos se alejan de sus escritos o descuidan su consejo porque encuentran su llamado a seguir a Cristo en la vida santa algo difícil de tomar. Mientras luchaba con esto yo mismo, comencé a darme cuenta de que los escritos de Pablo también emiten fuertes llamados a la vida santa.[108] Considere

[107] *Review and Herald*, Nov. 20, 1894

[108] Romanos, Capítulos 3–6; 2 Corintios 5:14 a 7:1; Gálatas 5:16–26 (nótese, en el versículo 21, que Pablo dice: “Los que practican tales cosas no heredarán el reino de Dios”); Efesios 4:17–5:16; Filipenses 2:1–16; Colosenses 3; 1 Tesalonicenses 5:14–23; y muchos otros textos similares mientras lees las Escrituras.

este fuerte llamado: "Por lo tanto, teniendo estas promesas, amados, limpiémonos nosotros mismos de toda inmundicia de la carne y el espíritu, perfeccionando la santidad en el temor de Dios" (2 Corintios 7:1). O considere la fuerte declaración de Jesús: "Toda palabra ociosa que los hombres puedan hablar, darán cuenta de ella en el día del juicio" (Mateo 12:36). Recuerde también que Jesús declaró que debemos ser perfectos como nuestro Padre Celestial es perfecto.[109] Elena G. de White me ayudó a entender por qué el conflicto a veces es tremendo entre lo que quiero hacer y lo que sé que Dios quiere que haga. "La evidencia más fuerte de la caída del hombre desde un estado superior es el hecho de que cuesta tanto regresar."[110]

De hecho, parece haber más referencias en el Nuevo Testamento acerca de seguir los pasos de Jesús para una vida santificada que acerca de su obra sustitutiva para nosotros. La razón de tal desbalance en el primero se debe a la lucha que se necesita para "levantar" a la humanidad del pozo del pecado en el que ha caído. Como Pablo escribió: "No luchamos contra carne ni sangre, sino contra principados, poderes, contra los gobernantes de las tinieblas de esta era" (Efesios 6:12).

Para aquellos que ven los escritos de Elena G. de White como irrelevantes o que evitan los mandamientos bíblicos para una vida santificada, permítanme recordarles el equilibrio que se encuentra tanto en la Biblia como en los escritos de Elena G. de White.[111] La siguiente declaración pone todo en perspectiva. Jesús "es nuestro modelo... Él es un ejemplo perfecto y santo, dado a nosotros para que lo imitemos. No podemos igualar al modelo; pero no seremos aprobados por Dios si no lo copiamos y, *de acuerdo con la habilidad que Dios ha dado*, parecernos a él."[112]

Al tratar de seguir a nuestro bendito Salvador en todo lo que Él quiere que hagamos, siempre debemos abrazar el ánimo de que "la obediencia

---

[109] Mateo 5:48; vea todo el discurso de nuestro Salvador en Mateo, Capítulos 5 al 7.

[110] E. G. White, *Revival and Beyond* (1972), p. 60.

[111] Romanos 8 y 12; 2 Corintios 6:15–7:1; Gálatas 5:16–26; Efesios 3:14–19; 4:17–5:33; Filipenses 4:8; Colosenses 3:1–4:6; 1 Tesalonicenses 5:14–23; etc.

[112] *Testimonies for the Church*, vol. 2, p. 549, énfasis añadido.

del hombre sólo puede ser perfeccionada por el incienso de la justicia de Cristo" en el santuario celestial.[113] Esto significa que, debido a que Él es el representante humano, su justicia está en lugar de nuestra naturaleza humana y caída. Como escribió Elena G. de White: "Su vida permanece por la vida de los hombres."[114] ¡Qué bendición!

Que Dios nos ayude a no seguir el ejemplo de Acab. Debido a que Acab quería ir a la guerra contra Siria por Ramot, un pedazo de tierra en Galaad, le pidió a Josafat, rey de Judá, que se uniera a él en la batalla. Josafat le pidió a Acab que preguntara qué podría decir la palabra del Señor con respecto a sus planes de batalla. Acab trajo a sus profetas, y a una sola voz todos dijeron cosas buenas sobre el resultado de la guerra. Josafat sospechó un poco y le preguntó a Acab si habían otros profetas. Acab respondió: "Todavía hay un hombre… pero lo odio, porque nunca profetiza algo bueno concerniente a mí, sino siempre el mal" (2 Crón. 18:7). Cuando vivimos fuera de la voluntad de Dios como lo fue Acab, será natural que odiemos el mensaje o al mensajero.

Dios no nos ha llamado a un estándar que es imposible de alcanzar para los humanos. Si parece que es así, tal vez estemos enfocados en el objetivo equivocado. Necesitamos saber si estamos mirando a nosotros mismos o a Jesús. Déjeme expicarle. Jesús nos dijo que, sin Él, no podemos hacer nada (Juan 15:5). Y Elena G. de White dijo: "El que está tratando de llegar a ser santo por sus propias obras al guardar la ley, está intentando una imposibilidad."[115] Sí, podemos continuar yendo a la iglesia y todo el tiempo estar desesperados y sin esperanza en nuestra lucha por ser cristianos. O bien, podemos dejar la lucha fuera de nuestras mentes para tener alguna apariencia de paz en nuestros corazones. Esa es la situación más triste, porque nuestro maravilloso Salvador dice: "La paz os dejo, mi paz os doy; … Que tu corazón no se perturbe, ni que tenga miedo" (Juan 14:27). Sin embargo, si continuamos mirándonos a nosotros mismos y nos aferramos al "principio de que el hombre puede salvarse a

[113] *Acts of the Apostles*, p. 532.
[114] *The Desire of Ages*, p. 762.
[115] *Steps to Christ*, p. 59.

sí mismo por sus propias obras", "no tendremos ninguna barrera contra el pecado."[116]

Hay otros versículos que nos ayudan a entender el camino cristiano de la vida al seguir a Jesús como nuestro Modelo y Ejemplo. Cuando fuimos bautizados, nos levantamos de esa tumba acuosa para caminar una nueva vida (Romanos 6:3–6). Pedro nos dice: "Cristo también sufrió por nosotros, dejándonos un ejemplo, para que sigáis sus pasos" (1 Pedro 2:21).

Cuando recibimos a Cristo como Salvador, dependíamos totalmente de Él para el perdón de los pecados y para el poder de su Espíritu que mora en Él para vivir por Él. Ahora Pablo dice que, de la misma manera que recibimos a Cristo como nuestro Salvador, también debemos vivir en Él (Colosenses 2:6, 7).

Conclusión

A través de Jesús somos adoptados en la familia de Dios para vivir como un hijo del Rey, para seguir su ejemplo y vivir como Él vivió (Romanos 8:14–16; Gálatas 4:4–7). Se dice que "lo semejante engendra lo semejante" y que "lo profundo llama a lo profundo" (Sal. 42:7). Es evidente que sólo los de carácter similar pueden vivir en armonía. "¿Pueden dos caminar juntos, a menos que estén de acuerdo?" (Amós 3:3). Dios ha prometido no sólo la justificación sino también la santificación para ponernos en armonía con el Cielo para que no seamos avergonzados cuando Jesús regrese. Cuán grande es nuestro Juez misericordioso en compasión, sabiduría y poder, para que nosotros todos, que no lo merecemos, podamos ser aptos a través de su gracia para vivir con Él por la eternidad. La siguiente amonestación de Elena G. de White es alentadora mientras vivimos para y con Cristo:

"Somos hijos e hijas de Dios. A fin de saber cómo comportarnos con circunspección, debemos seguir por el camino hacia donde Cristo nos

[116] *The Desire of Ages*, p. 35.

guía... Nuestra única seguridad es seguir donde los pasos del Maestro guían el camino, confiar porprotección implícitamente en Aquel que dice: 'Sígueme'. Nuestra oración constante debe ser: Mantén mis pasos en tu camino, oh Señor, para que mis pasos no resbalen" (Sal. 17:5).[117]

Jesús, nuestro Maravilloso Juez, quiere que estemos libres de culpa, y Él quiere que experimentemos el gozo y la bendición de hacer lo correcto (Juan 15:11).[118] No nos enojemos por la palabra "obediencia", porque hacerlo revela el corazón natural. Nuestras inclinaciones naturales siempre están listas para rebelarse contra Dios. Pero, habiendo aceptado a Cristo como nuestro Salvador, Él se ha convertido en nuestro modelo y ejemplo en vivir la vida cristiana. Cuando Mefiboset vino a cenar a la mesa de David, tuvo que aprender a actuar en la presencia del rey. Así es en vivir la vida cristiana. "Crecemos en gracia" (2 Pedro 3:18) para que, cuando Él regrese, estemos preparados para encontrarnos con Él en paz. Juan escribió: "Todo el que tiene esta esperanza en Él se purifica a sí mismo, así como Él es puro" (1 Juan 3:3). Por lo tanto, Cristo nos ha mostrado cómo practicar vivir para el cielo. Él nos ha dado un ejemplo perfecto de cómo vivir en amor a Dios y a nuestros semejantes.[119] Es Él quien "me guía por los caminos de la justicia por causa de su nombre" (Sal. 23:3).

---

[117] *Sons and Daughters of God*, p. 154.

[118] "Cristo está listo para perdonar a todos los que vienen a Él confesando sus pecados. Al alma probada y luchadora se le dice la palabra: "Que se apodere de Mi fuerza, para que haga las paces Conmigo, y hará las paces Conmigo"." (Ms. 113, 1902); ver también *Thoughts from the Mount of Blessing*, p. 146.

[119] *The Seventh-day Adventist Bible Commentary*, vol. 7, p. 925; ver también *The Seventh-day Adventist Bible Commentary*, vol. 7, p. 930; y *Testimonies for the Church*, vol. 5, p. 422.

Capítulo 7

El Espíritu Santo—Nuestro Ayudador y Guía

Después de la resurrección y ascensión de Cristo, Él fue inaugurado como nuestro Sumo Sacerdote en el santuario celestial. Cuando Jesús fue así glorificado, el Espíritu Santo fue derramado sobre los creyentes en el Día de Pentecostés (Juan 7:39). Pedro dijo: "Por lo tanto, siendo exaltado a la diestra de Dios, y habiendo recibido del Padre la promesa del Espíritu Santo, Él derramó esto que ahora ven y oyen" (Hechos 2:33). Fue a partir de ese día que los creyentes fueron imbuidos del Espíritu Santo. El cumplimiento de esa promesa del Espíritu Santo de ser nuestro Consolador, Ayudador y Guía es lo mismo para nosotros hoy. "Porque la promesa es para vosotros y para vuestros hijos, y para todos los que están lejos, tantos como el Señor nuestro Dios llamare" (Hechos 2:39).

"Ahora hemos recibido, no el espíritu del mundo, sino el Espíritu que es de Dios, para que podamos conocer las cosas que Dios nos ha dado gratuitamente" (1 Corintios 2:12). Sin el Espíritu Santo seríamos ignorantes del plan de salvación de Dios a través de Cristo nuestra justicia (Juan 15:26). Es el Espíritu Santo, quien Dios nos ha dado para estar con nosotros y en nosotros, quien nos guía hacia un conocimiento salvador de Jesús (Juan 14:17). La esencia de vivir la vida cristiana es nacer del Espíritu Santo y tener el Espíritu morando en nosotros diariamente. El Espíritu que mora en nosotros testifica que somos hijos de Dios y, si "no tenemos el Espíritu de Cristo", no somos suyos (Romanos 8:9, 16).

Tanto en *Mensajes Selectos*, libro 1, página 367, como en *El Camino a Cristo*, página 62, después de explicar claramente cómo la vida de Cristo se encuentra en el lugar de nuestra vida ante Dios, Elena G. de White transmite dos promesas. La primera es: "Nuestro único fundamento de esperanza está en la justicia de Cristo imputada a nosotros, y en la obrada por su Espíritu en y a través de nosotros."[120] La segunda es: "En el don grande e inconmensurable del Espíritu Santo están contenidos todos los recursos del cielo."[121] La Trinidad o—Dios el Padre, el Hijo y el Espíritu Santo—está involucrada en nuestra salvación y en nuestra herencia del reino que Adán perdió.[122] Jesús dijo: "Voy a orar al Padre, y Él les dará otro Ayudador", o "Consolador" (Juan 14:16). La palabra "otro" significa otro del mismo tipo, la misma esencia, para cada uno de nosotros como Jesús lo fue para sus discípulos. El Espíritu Santo es el representante de Cristo en la tierra y nuestro Divino Ayudador y Guía. Un hermoso himno dice: "Espíritu de Dios, sé mi Maestro, mostrándome las cosas de Cristo."[123]

La obra del Espíritu Santo por nosotros

La condición humana, aparte de Cristo, está degenerada y arruinada. Pablo dice: "Porque sabemos que la ley es espiritual, pero yo soy carnal, vendido bajo el pecado". Y de nuevo, "Porque sé que en mí (es decir, en mi carne) nada bueno habita" (Rom. 7:14, 18). La restauración de nuestra condición degenerada comienza únicamente por el gran amor y

---

[120] *Steps to Christ*, p. 63.

[121] *Christ's Object Lessons*, p. 419.

[122] Aunque es posible que Elena de White nunca haya usado el término "Trinidad" debido a ciertas suposiciones falsas asociadas al término en otras iglesias, sí se refirió a "el Padre, el Hijo y el Espíritu Santo" como "la Deidad eterna". (Ms. 45, 1904), y ella se refirió repetidamente a las tres esencias de Dios en términos tales como las "tres personas vivas del Trío Celestial" (Ms. 21, 1906), "los tres grandes poderes" (Ms. 57, 1900; Ms. 11, 1901; Ms. 30, 1902; Ms. 118, 1902; Lt. 102, 1903; Lt. 129, 1903; Ms. 190, 1903; Lt. 1, 1904; Lt. 53, 1904; Ms. 159, 1904; Ms. 54, 1905; Ms. 66, 1905; Ms. 181, 1905; Ms. 187, 1905; Ms. 191, 1905; Ms. 182, 1907; Ms. 183, 1907; Ms. 37, 1908), y the "three great Worthies in/ of heaven" (Ms. 95, 1906; Ms. 145, 1906). También escribió: "Tres agencias distintas, el Padre, el Hijo y el Espíritu Santo, trabajan juntos para los seres humanos. Están unidos en la obra de hacer que la iglesia en la tierra sea como la iglesia en el cielo." (Ms. 27a, 1900).

[123] Eliza E. Hewitt, "More About Jesus," *Seventh-day Adventist Hymnal* (1985), himno no. 24.

misericordia de Dios por nosotros al permitir que Jesús fuese revestido con la forma y naturaleza humana. Su santa vida y muerte en nuestro lugar nos ha reconciliado con Dios (2 Corintios 5:19). Desde el tiempo de la caída de Adán hasta la restauración de todas las cosas, el plan de redención ha sido encomendado al Hijo, nuestro Señor y Salvador Jesucristo (1 Corintios 15:24, 25). Elena G. de White escribió: "El mundo ha sido encomendado a Cristo, y a través de Él ha venido toda bendición de Dios a la raza caída."[124] Pero la obra de Cristo para nosotros no podría ser completa sin la obra del Espíritu Santo para nosotros y en nosotros. De hecho, es la fe en la obra de Cristo por nosotros lo que nos trae el Espíritu Santo (Gálatas 3:1, 2, 14), y el Espíritu Santo, nuestro Ayudador, nos guía a Cristo (Juan 16:13–15). Los estragos del pecado casi han borrado la imagen de Dios en nosotros. Pero Dios ha prometido que, a través de su Espíritu Santo, Él "os restaurará los años que la langosta ha comido" (Joel 2:25).

Es el Espíritu Santo quien nos guía a toda la verdad. Jesús dijo: "Cuando Él, el Espíritu de verdad, haya venido, os guiará a toda verdad" (Juan 16:13). Él no fue enviado para testificar de sí mismo, sino para darnos a conocer lo que el Padre y el Hijo han hecho por nuestra salvación. Es asombroso y digno de nuestra mayor alabanza y gratitud que la obra de redención para la humanidad rebelde se lleve a cabo por la actividad armoniosa de la Trinidad en la recuperación de lo que se perdió en Adán. "Cuando fuimos bautizados 'en el nombre del Padre, y del Hijo, y del Espíritu Santo', estos tres grandes poderes se comprometieron a trabajar en nuestro favor mientras nos esforzábamos por vivir la nueva vida en Cristo" (Lt. 200, 1902).

Para participar en la recuperación de lo que se perdió a través de Adán, debemos experimentar el nuevo nacimiento. En otras palabras, debemos nacer en la familia de Dios. Esto se logra por la obra del Espíritu Santo para nosotros y en nosotros. Es la voluntad de Dios que nazcamos en su familia (Juan 1:12, 13). Una vez que renacemos espiritualmente,

[124] *The Desire of Ages*, p. 210.

somos llenos del Espíritu Santo y "crecemos en la gracia y el conocimiento de nuestro Señor y Salvador Jesucristo" (2 Pedro 3:18).

Es el Espíritu el que nos revela el camino de la salvación. Él nos está cortejando constantemente con su amor eterno (Jer. 31:3) para que miremos a Jesús como el autor y consumador de nuestra fe (Heb. 12:2). De hecho, sin el Espíritu, no tendríamos fe para mirar a Jesús en busca de salvación. Jesús dijo que el Espíritu Santo nos guiaría a toda verdad, porque Jesús es el camino, la verdad y la vida (Juan 14:6). La única verdad de las Escrituras es la verdad tal como es en Jesús, y el Espíritu Santo crea un amor por la verdad de Dios en nuestros corazones. "No recibir el amor de la verdad" (2 Tesalonicenses 2:10) es rechazar al Espíritu Santo, que luego conduce al pecado imperdonable, una condición muy seria. Sin embargo, si no resistimos al Espíritu Santo, Él no solo será nuestro Ayudador para ayudarnos a tener fe en Jesús, sino que también servirá como nuestra Guía para guiarnos a Jesús.

La obra del Espíritu Santo en Nosotros

El mensaje de salud, que Dios ha dado a la Iglesia Adventista del Séptimo Día a través de los escritos de Elena G. de White, en conjunto con las ciencias de la medicina moderna, nos ayuda a entender cómo el Espíritu Santo obra en y a través de nosotros. Cuando me estaba preparando para mi Maestría en Salud Pública (MPH), me encontré con una declaración en mi libro de texto sobre anatomía y fisiología que realmente me sorprendió. Dice en parte: "La corteza cerebral, y por lo tanto nuestros pensamientos y emociones, pueden, a través del hipotálamo, influir en el funcionamiento de todos nuestros miles de millones de células. En resumen, el cerebro tiene contacto bidireccional con todos los tejidos del cuerpo. El estado del cuerpo influye en los procesos mentales, que a su vez, influyen en el estado del cuerpo."[125] Luego leí lo siguiente de Elena G. de White: "Los nervios cerebrales que se *comunican con todo el*

[125] Catherine Parker Anthony, *Textbook of Anatomy and Physiology* (1967), p. 500.

sistema son el único medio a través del cual el Cielo puede comunicarse con el hombre y afectar su vida más íntima."[126] Es obvio entonces que, *a través de nuestros pensamientos y sentimientos*, que conforman nuestro carácter moral,[127] Dios no sólo nos comunica su plan de salvación, sino que también, a través del Espíritu Santo, imprime en nosotros su santa ley (2 Corintios 3:3, 18; Heb. 8:10).

Tomé mi MPH debido a mi interés en el mensaje de salud Adventista del Séptimo Día y cómo influye en nuestra relación con Cristo. El apóstol Juan conectó la salud del cuerpo y del alma cuando escribió: "Amados, te ruego que prosperes en todas las cosas y estés en salud, así como tu alma prospera" (3 Juan 2). Y Pablo dice: "¿No sabes que tu cuerpo es el templo del Espíritu Santo que está en ti, a quien tienes de Dios, y no eres tuyo? Porque fuiste comprado a un precio; por lo tanto, glorifica a Dios en tu cuerpo y en tu espíritu, que son de Dios" (1 Corintios 6:19, 20). El Capítulo sobre dieta y espiritualidad en *Consejos sobre el Régimen Alimenticio* explica muy bien este tema. Dice: "Existe una estrecha simpatía entre la naturalcza física y la moral."[128] Los cstimulantcs artificialcs y la intcmpcrancia en todos los aspectos de la vida tienen "una influencia paralizante sobre el cerebro, lo que hace imposible apreciar las cosas eternas."[129] Creo que Dios nos dio el mensaje de salud para que pudiéramos ser favorecidos en nuestra relación con Él.

El Espíritu santifica la Palabra en nosotros

Es el Espíritu Santo el que nos santifica a través de la fe en Jesús (1 Pedro 1:2). Así como Jesús pudo decir: "Las palabras que os hablo son espíritu, y son vida" (Juan 6:63), así también podría decir: "Santifícalos por tu verdad. Tu palabra es verdad" (Juan 17:17). La estrecha relación entre las palabras de Cristo y el Espíritu Santo se ilustra con el paralelismo

---

[126] *Testimonies for the Church*, vol. 2, p. 347, énfasis añadido.

[127] *Testimonies for the Church*, vol. 5, p. 310.

[128] *Counsels on Diet and Foods*, p. 43.

[129] *Counsels on Diet and Foods*, p. 48.

de Proverbios 1:23, "Ciertamente derramaré mi espíritu sobre ti; Te daré a conocer mis palabras".

La semilla que causa el crecimiento espiritual en nuestras vidas es la palabra de Dios (1 Pedro 1:23). Jesús usó metáforas agrícolas para enseñarnos sobre el proceso de la vida cristiana. La lluvia temprana en los campos da vida al grano. La lluvia tardía lo lleva a la madurez. De la misma manera, el Espíritu Santo trabajando en nuestros corazones nos lleva a contemplar la justicia y la misericordia de nuestro Señor Jesucristo y transforma nuestro carácter. Es por medio del Espíritu que el "justo requisito de la ley" se "cumple en nosotros" (Rom. 8:4). "Al buscar a Dios por el Espíritu Santo, obrará en nosotros mansedumbre, humildad de mente, una dependencia consciente de Dios por la lluvia tardía perfeccionadora. Si oramos por la bendición con fe, la recibiremos como Dios ha prometido."[130]

El Espíritu Santo, como representante de Cristo en la tierra, es todo para nosotros. Pablo dice: "Si alguno no tiene el Espíritu de Cristo, no es suyo" (Rom. 8:9). Es el Espíritu Santo en nosotros el que saca de nuestros corazones alabanza, adoración y culto a Dios. Por lo tanto, por el Espíritu, adoramos a Dios en "espíritu y en verdad" (Juan 4:23, 24). Es por el Espíritu que vencemos el pecado en nuestras vidas y que nuestros nombres son retenidos en el libro de la vida (Apocalipsis 3:5). Pablo dice: "Si por el Espíritu das muerte a las obras del cuerpo, vivirás. Porque cuantos son guiados por el Espíritu de Dios, estos son hijos de Dios" (Rom. 8:13, 14). Sin el Espíritu Santo en nosotros, todavía estamos en tinieblas espirituales y no podemos discernir las cosas de la gran salvación de Dios para nosotros (1 Corintios 2:14–16).

El Espíritu y La Unidad

No sólo el Espíritu Santo obra en y a través de nosotros individualmente, sino que el Espíritu Santo, como representante de Cristo en la tierra,

[130] *Testimonies for Ministers*, p. 508.

dirige los asuntos de la iglesia. De hecho, la iglesia es también el templo del Espíritu Santo. A menudo usamos 1 Corintios 3:16 para referirnos a nuestros cuerpos individuales como templos del Espíritu Santo, pero también puede significar la comunidad de creyentes, porque el "you" en el versículo es plural. Jesús dijo que el Espíritu Santo mora con ustedes (plural) y estará en tí (singular) (Juan 14:17). Pablo entonces da la advertencia: "Si alguno contamina el templo de Dios, Dios lo destruirá. Porque el templo de Dios es santo, qué *templo* sois [plural]" (2 Corintios 3:17, cursiva añadida para dar énfasis; véase también Efesios 2:19–22). Necesitamos ser sensibles a la obra del Espíritu Santo en y a través de la iglesia de Cristo. Elena G. de White advierte, "El Señor no impone a nadie una mensaje que desalentará y desanimará a la iglesia".[131]

Cuán agradecidos podemos estar por el consejo de salud de Elena G. de White que nos ayuda a apreciar y aceptar la obra del Espíritu Santo para nuestra salvación individual y para la iglesia de Dios. El Espíritu Santo nos pone en armonía con el carácter de Dios como es revelado en su santa ley. Es esta armonía con Dios la que nos lleva a la santificación por la fe y la unidad dentro de la iglesia.

"El Espíritu Santo nos pone en armonía con el carácter de Dios como es revelado en su santa ley. Es esta armonía con Dios la que nos lleva a la santificación por la fe y la unidad dentro de la iglesia."

[131] *Testimonies for Ministers*, p. 22.

SECCIÓN III

CRISTO NUESTRA JUSTICIA Y EL SANTUARIO

Capítulo 8

El Santuario Terrenal—Hecho según el Modelo

Para entender a Cristo nuestra justicia y el santuario, es necesario entender algo acerca del santuario terrenal que fue hecho de acuerdo con el modelo que Dios le mostró a Moisés en el monte Sinaí (Heb. 8:5). Jesús es "el Cordero de Dios que quita el pecado del mundo" (Juan 1:29). Él es también "el Cordero inmolado desde la fundación del mundo" (Apocalipsis 13:8). El enfoque central del servicio terrenal del santuario era el cordero, que se ofrecía "día a día continuamente" sobre el altar del holocausto (Éxodo 29:38, 39). El material cubierto en esta sección proporcionará un conocimiento rudimentario para algunos, y será una revisión para otros.

La Estructura

Primero veremos la estructura del santuario y sus servicios.[132] El Salmo 77:13 dice: "Tu camino, oh Dios, está en el santuario" (RVA).[133] La Septuaginta, la traducción griega del Antiguo Testamento usada cuando Jesús caminó por la tierra, está de acuerdo con esta interpretación del texto. Además, la palabra hebrea *qôdesh*, que significa "santo", también puede traducirse como "santuario" (véase Éxodo 28:43; 29:30).

[132] Ver Éxodo 25:1–31:17 para conocer los detalles del santuario terrenal.

[133] Varias traducciones, incluyendo la KJV, así como la Septuaginta hacen que este texto "en el santuario." Ver también Salmos 63:2; 134:2.

Ciertamente, la forma en que Dios se revela a nosotros con respecto a nuestra salvación está en el santuario, porque Él le dijo a Moisés que hiciera un santuario para que Él pudiera morar entre su gente (Éxodo 25:8). Dios no sólo moraría entre su pueblo, sino que les mostraría sus intenciones para la salvación de la humanidad a través de los rituales del santuario. Todo debía hacerse de acuerdo con el modelo que Dios le mostró a Moisés cuando se reunió con Él en el monte. A medida que otras naciones vieran las bendiciones de Dios sobre su pueblo, serían guiados a reconocer al Dios verdadero (Deut. 4:5, 6). A través de las ofrendas sacrificiales, Cristo sería exaltado como el Salvador venidero del mundo.[134]

Un entendimiento del santuario y sus rituales mejorará en gran medida nuestra comprensión de la maravillosa salvación que tenemos en Cristo nuestro Señor. El santuario era de medidas únicas. Consistía en dos apartamentos, o habitaciones. El primero de ellos era el doble de largo que ancho y su altura era la misma que su anchura. Este primer apartamento tenía varios nombres, incluyendo el tabernáculo, la tienda de reunión, o de encuentro (o "la tienda de la congregación", KJV), y el lugar santo (Éxodo 25:9; 39:32; 26:33). El segundo apartamento era del mismo ancho y alto que el primer apartamento, pero tenía la mitad de su longitud. Así, formaba un cubo. Lo que separaba el primer apartamento del segundo no era una pared sino una cortina. La cortina también se llamaba velo, o colgante. Este segundo apartamento interior fue llamado el lugar santísimo (Éxodo 26:34), el santo de los santos, el más santo de todos, o, en el Día de la Expiación, simplemente "el lugar santo" (Lev. 16). Todo el edificio se llamaba santuario, y miraba hacia el este. La entrada era a través de un velo, que también se llamaba cortina o colgante. Por lo tanto, el velo entre el lugar santo y el santísimo se llamaba el "segundo velo" (Heb. 9:3).

Frente al santuario estaba el lavamanos, y frente al lavamanos estaba el altar del holocausto. Toda la zona estaba rodeada por un patio exterior de lino blanco.

---

[134] *Christ's Object Lessons*, pp. 289, 290.

En el interior del primer apartamento habían tres artículos de mobiliario. A la izquierda estaba el candelabro dorado de siete ramas llamado menorá.

A la derecha estaba la mesa de los panes con doce panes planos sin levadura. Justo delante y justo en frente del segundo velo que separaba los dos apartamentos estaba el altar del incienso.

Pasando el velo de separación estaba el lugar santísimo. Tenía un solo artículo de mobiliario: el arca del pacto (Éxodo 26:33).[135] El arca del pacto tenía 52 pulgadas de largo, 31 pulgadas de ancho y 31 pulgadas de alto. Estaba cubierto de oro puro tanto por dentro como por fuera.[136] Una tapa de oro puro cubría el arca, y unidos a la tapa habían dos querubines de oro puro uno frente al otro. Un ala de cada ángel tocaba arriba y la otra ala se extendía sobre la tapa del arca (Éxodo 25:20). Los rostros de los querubines miraban hacia abajo hacia la cubierta, o propiciatorio, del arca.

Habían otros artículos dentro del santuario que ayudaban en el ministerio sacerdotal. Sin embargo, para los propósitos de este libro, estos son los únicos que consideraremos.

Los Servicios

El servicio central durante todo el año era doble. Todos los días se ofrecía el sacrificio de la mañana y de la tarde en el altar del holocausto en el patio delante del velo de entrada al tabernáculo. Lo único entre el velo de entrada y el altar era el lavamanos donde los sacerdotes realizaban sus rituales de limpieza y purificación antes de entrar en el santuario.[137]

---

[135] También llamada el "arca del testimonio" (Éxodo 25:10; 25:16; 26:33; Apocalipsis 11:19).

[136] Esta medida es de acuerdo con el codo real de Egipto ya que Moisés fue entrenado en la corte de Egipto y los esclavos israelitas construyeron gran parte de las estructuras reales (ver *The Seventh-day Adventist Bible Commentary*, vol. 1, pp. 636, 637).

[137] Ver *The Seventh-day Adventist Bible Commentary*, vol. 1, pp. 693–710, para una subestimación de los servicios del santuario terrenal.

Simultáneamente con la ofrenda del sacrificio de la mañana y de la tarde estaba la ofrenda de incienso en el altar del incienso frente al segundo velo entre el lugar santo y el santísimo. Ambas ofrendas eran ofrendas diarias por la mañana y por la tarde (2 Crón. 13:11), también conocidas como "ofrendas continuas". El fuego en estos altares era para nunca apagarse. Por medio del sacrificio y el incienso, los israelitas se acercaban a Dios y se hacían aceptables para Él.[138]

Aunque había ofrendas quemadas individuales y ofrendas por el pecado, así como otras ofrendas de purificación, estas ofrendas dobles eran fundamentales para los servicios de adoración de los antiguos israelitas. De hecho, las ofrendas de la mañana y de la tarde se convirtieron en el tiempo de adoración y oración de la mañana y la tarde para los israelitas. Un ejemplo de esto es el profeta Daniel. Como era su hábito, oraba hacia el templo en Jerusalén en el momento en que las ofrendas habrían tenido lugar, a pesar de que el templo había sido destruido (Dan. 6:10; 9:21). Otro ejemplo proviene de los servicios del templo en Jerusalén en el tiempo de Cristo. Lucas registra que "la suerte cayó sobre Zacarías para quemar incienso cuando entró en el templo del Señor. Y toda la multitud del pueblo oraba afuera a la hora del incienso" (Lucas 1:9, 10).

Otros servicios de importancia para nuestros propósitos aquí fueron los sábados anuales, la Pascua, la gavilla mecida, Pentecostés, el soplado de las trompetas, el Día de la Expiación y la Fiesta de los Tabernáculos. Aunque había seis sábados anuales en la ley de Moisés (ver Lev. 23, para los días de "ningun trabajo habitual"), un séptimo fue agregado en la época de los Macabeos cuando el templo fue rededicado después de su restauración de la profanación por Antíoco Epífanes. Jesús subió a Jerusalén en la Fiesta de la Dedicación (Juan 10:22, 23).

Sin embargo, se requería que los israelitas asistieran solo a tres de estas fiestas anuales en el templo de Jerusalén: la Fiesta de los Panes sin Levadura (que incluía la Pascua), Pentecostés y la Fiesta de los Tabernáculos (Deut. 16:16).

---

[138] *The Faith I Live By*, p. 197.

El Sacrificio, la Ley y el Sacerdote

Es difícil identificar cuál es el aspecto más importante de los servicios terrenales del santuario: la ley o el cordero. Sin la ley de los Diez Mandamientos colocada dentro del arca sagrada del pacto, no habría conocimiento formalizado del pecado. Sin el Cordero, no habría remedio para el pecado. Así, el santuario muestra que la ley y la gracia son dos aspectos inseparables de la redención.[139] El camino de la salvación no es ley *o* gracia, sino ley *y* gracia, trabajando en armonía para la restauración de la raza humana.

Por muy importantes que sean la ley y el cordero, no habría aplicación de la expiación sin el sacerdote. Por lo tanto, vemos que el servicio del santuario es una unidad perfecta, o sistema de verdad. Ilustra cómo un Dios infinito, puro y santo puede redimir a su pueblo a sí mismo. Por ello, Él puede retener la santidad de su carácter en justicia y misericordia mientras aún mora con su pueblo que está empañado por el pecado. En Romanos 3:19–31, Pablo explica el cumplimiento de este plan para nuestra salvación: que Dios "sea justo y el justificador del que tiene fe en Jesús" (Rom. 3:26).

La ofrenda quemada y la ofrenda por el pecado, o purificación, fueron las ofrendas mencionadas con mayor frecuencia.[140] La ofrenda quemada continua debía estar presente en el altar todos los días de la semana, todo el día y durante todo el año. Nunca podía parar. En los momentos en que esta ofrenda se renovaba mañana y tarde, los sacerdotes ofrecían incienso en el altar de incienso delante del segundo velo. Detrás de este velo estaba el "arca del testimonio" que contenía los Diez Mandamientos (Éxodo 26:33; 30:7, 8; Lev. 6:12, 13). La sangre de todas las ofrendas quemadas eran rociadas primero contra el lado norte del altar del holocausto, y el resto era derramado en la base del altar (Lev. 1:5, 11, 15). A través

[139] Ver *The Seventh-day Adventist Bible Commentary*, vol. 1, pp. 694, 695.

[140] Martin T. Pröbstle, *Where God and I Meet: The Sanctuary* (2013), Capítulo 5.

de la ofrenda de purificación (también llamada ofrenda por el pecado), el pecado era transferido como figura al santuario.[141]

La sangre era rociada ante el velo que separaba el lugar santo del lugar santísimo. Este registro de pecado perdonado era retirado simbólicamente del santuario en el Día de la Expiación (Lev. 16:33).

Otros sacrificios que se relacionaban con todo el ciclo de vida y la existencia del israelita, se ofrecían durante todo el año. Sin embargo, el servicio sacrificial del Día de la Expiación era el servicio más solemne de todos. Las continuas ofrendas quemadas no cesaban en el Día de la Expiación. Sin embargo, también se ofrecían otros sacrificios especiales. De particular interés para los israelitas era la cabra del Señor, que se usaba para hacer la expiación final por Israel a través de la eliminación del pecado de los pecadores. La otra cabra, Azazel (Lev. 16:8, NET), llevaba simbólicamente el registro de los pecados de Israel lejos de los israelitas al "desierto".

Esta eliminación, o borrado, del pecado, removía los pecados de Israel tan lejos del pueblo como el "oriente está del occidente" (Sal. 103:12). En otra figura del discurso, estos pecados eran arrojados "a las profundidades del mar" (Miqueas 7:19) en el Día de la Expiación. Las Escrituras no conocen otra manera que Dios removiera los pecados de Israel. Nos corresponde recordar las imágenes del santuario cuando hablamos de que nuestros pecados fueron arrojados "a las profundidades del mar".

El Israelita Creyente

El israelita creyente tenía un conocimiento de pecado debido a los Diez Mandamientos, que estaban alojados en el arca del testimonio y colocados en el centro del Lugar Santísimo del santuario. A través de los estatutos y juicios escritos por Moisés, el israelita pudo entender la aplicación de largo alcance de esta ley (Lev. 26:46; Mal. 4:4).[142]

[141] *The Great Controversy*, p. 418.

[142] "Los estatutos y juicios que especificaban el deber del hombre para con sus semejantes, estaban llenos de instrucción importante, definiendo y simplificando los principios de la ley moral, con el

Además de las reglas de vida de los Diez Mandamientos, Moisés escribió instrucciones para ayudar al israelita creyente a saber cómo ser restaurado al favor de Dios en caso de pecar. La primera provisión fue el sacrificio de la mañana y la tarde. En estos momentos, el israelita oraba hacia el santuario en adoración y confesión de pecado. Él ponía su fe en la sangre de la ofrenda, la ministración del sacerdote y el incienso que ascendía del altar del incienso delante del segundo velo. La oración de Daniel es una ilustración de la fe de un israelita en los servicios diarios del santuario.

La segunda provisión era la ofrenda por el pecado que el creyente mismo llevaba al santuario. Se hacían varias otras ofrendas. Pero, el punto clave es que día a día la fe del creyente estaba en (1) la condición del animal para ser sacrificado sin mancha ni defecto (Lev. 1:10, etc.), (2) la sangre del sacrificio, que era derramada en la base del altar y ministrada en el lugar santo ante el velo y en los cuernos del altar de incienso (Lev. 4), y (3) la ministración del sacerdote que era santificado y santo. De hecho, los sacrificios, el sacerdocio y todo lo relacionado con el santuario se consideraban santos (véase, por ejemplo, Éxodo 39:41; Lev. 21:7).

En el ciclo anual del Día de la Expiación, el creyente pasaba el día en profunda y sincera meditación, sabiendo que todos sus pecados habían ido de antemano al santuario a través de los servicios diarios. Y ahora, en este día, el santuario estaba listo para ser limpiado, y el pecado, para ser borrado. Su fe estaba en el sacrificio y la ministración del Sumo Sacerdote. Si él hubiera hecho su parte y el Sumo Sacerdote estuviera haciendo su parte, sabía que sus pecados serían removidos tan lejos como el este está del oeste y que él sería sellado.[143] ¡Qué bendición para el israelita creyente arrepentido en el Día de la Expiación!

propósito de aumentar el conocimiento religioso, y de preservar al pueblo escogido de Dios distinto y separado de las naciones idólatras" (*Review and Herald*, May 6, 1875).

[143] Pröbstle, p. 67.

Capítulo 9

El Santuario Celestial—El que hizo el Señor

Al tratar de entender el santuario celestial, es esencial explorar lo que Dios nos ha revelado en las Escrituras y el Espíritu de Profecía. Como está escrito, "Debemos conocerlo como Él se revela a sí mismo."[144] No podemos sumar ni restar de lo que está escrito (Apocalipsis 22:18). Hay muchas cosas que Dios no nos ha revelado, pero lo que Él ha revelado es para todos nosotros y para cada generación (Deut. 29:29).

Las Escrituras revelan que hay un templo en el cielo, que se conoce como la sala del trono de Dios (Apocalipsis 4; 11:19). Sin embargo, un templo en el cielo no puede contener la gloria y majestad de Dios (2 Crón. 2:6), y el santuario terrenal no era más que una tenue sombra y una réplica de la majestad del santuario celestial. Sin embargo, Dios quiere que entendamos el santuario celestial por el modelo que Él mostró a Moisés en el monte y del cual fue edificado el terrenal (Heb. 8:1–6).

Los escritores del Nuevo Testamento tenían la estructura del templo en medio de ellos hasta que fue destruida en el año 70 D.C. por el general romano Tito. Como judíos, entenderían el camino de la salvación en lo que se refiere al santuario. Juan dice: "La ley fue dada por medio de Moisés, pero la gracia y la verdad vinieron por medio de Jesucristo" (Juan 1:17). Dado que las leyes que regían los servicios del santuario (que señalaban el camino a la salvación) encontraron su cumplimiento en la gracia y la verdad de Cristo, los escritores del Nuevo Testamento, especialmente Pablo,

[144] *The Ministry of Healing*, p. 409.

mostraban constantemente cómo el orden de las cosas había cambiado del santuario terrenal al celestial (por ejemplo, Heb. 7:12). Por lo tanto, los judíos acusaron continuamente a Pablo de destruir sus tradiciones (Hechos 21:28).

La Estructura

La descripción más explícita del santuario celestial es el modelo que se le dio a Moisés en el monte Sinaí (Éxodo 25:9; Heb. 8:5). Aunque el modelo era una tienda de campaña, también se le llamaba el templo de Dios (Sal. 27). Miqueas se refirió a la morada celestial de Dios como su santo templo (Miqueas 1:2, 3). Isaías vio el lugar Santísimo, el salón del trono de Dios, en el cielo (Isaías 6). Y, Habacuc llamó a reverencia debido a la majestad de la presencia de Dios en su santo templo celestial (Hab. 2:20). En el lugar Santísimo estaba el arca del testimonio (Apocalipsis 11:19). Sobre el arca, los querubines la cubrían, o guardaban. Antes de su caída, Lucifer era uno de los querubines (Ezequiel 28:16). La presencia de Dios se manifiesta entre y por encima de los querubines (Éxodo 25:18, 22; Salmos 99:1; Heb. 9:5). En el santuario celestial, Dios se sienta entronizado, rodeado por ángeles y seres celestiales (Dan. 7:9, 10; Apocalipsis 4 y 5).

El tabernáculo que Dios reveló a Moisés también es llamado "templo" y "santuario". Debido a que los israelitas tenían esta estructura física en medio de ellos, tuvieron la oportunidad de entender lo celestial en relación con ella. Por lo tanto, vemos, especialmente en el libro de Apocalipsis, artículos en el santuario celestial: el arca de los Diez Mandamientos en el templo de Dios en el cielo (Apocalipsis 11:19; cf. Éxodo 26:33, 34; 34:28, 29), los siete candelabros (Apocalipsis 1:20; 4:5), y el altar del incienso (Apocalipsis 4:5; 8:3). El patio exterior queda fuera, porque este es el lugar del sacrificio del Cordero, que se cumplió en Jesús (Apocalipsis 11:2) en la tierra.[145] Entonces vemos al Cordero, como

[145] Jesús, como el "Cordero de Dios" murió por nuestros pecados en esta tierra.

había sido inmolado, en la sala del trono de Dios que está en el santuario celestial (Apocalipsis 5:6). De hecho, es bueno entender el santuario como un principio de interpretación cuando se estudia la totalidad del Nuevo Testamento. Es el tema del santuario que revela un "sistema completo de verdad, conectado y armonioso".[146] Como dijo el Dr. Fernando Canalí en su clase: "El santuario celestial es el principio organizador de la teología Adventista del Séptimo Día."[147]

Los Servicios

Los servicios del santuario terrenal nos llevan a centrarnos en la obra de Cristo, nuestro Sumo Sacerdote y Salvador en el santuario celestial. Desde los Evangelios hasta Apocalipsis, Cristo es referido como el "Cordero de Dios" (Juan 1:29; cf. Apocalipsis 5:6; 7:17; 22:3). En el servicio terrenal, se ofrecía un cordero en el altar del holocausto, tanto por la tarde como por la mañana (Éxodo 29:38, 39). Era una intercesión continua de sangre que proporcionaba expiación por los pecados de Israel. La sangre del sacrificio era derramada en la base del altar, significando el sacrificio de Cristo por nosotros en este mundo. La sangre de la ofrenda por el pecado era llevada al lugar Santo del santuario y puesta sobre los cuernos del altar del incienso, mientras que parte de esa sangre era rociada ante el velo donde los Diez Mandamientos en el lugar Santísimo señalaban el pecado. Así que Cristo ha entrado en el santuario celestial presentando su sangre en nombre de los creyentes del Nuevo Testamento (Heb. 9:11, 12). Cristo cumplió los rituales terrenales del santuario que apuntaban hacia su gracia salvadora bajo el Nuevo Pacto.[148]

---

[146] *The Great Controversy*, p. 423.

[147] Notas de clase de Principios y métodos de teología, Andrews University presentado por Fernando Canali, PhD, trimestre de invierno de 1991, 21 de febrero y 12 de marzo.

[148] *Patriarchs and Prophets*, p. 330.

El Sacrifico, La Ley y El Sacerdote

El apóstol Pedro se refiere a Cristo como el Cordero sin mancha ni defecto que murió como el Sustituto del pecador (1 Pedro 1:19). Cristo, en su humanidad era puro, sin mancha y sin pecado, un sacrificio perfecto y un ser humano perfectamente sin pecado (Heb. 7:26). Si no lo hubiera sido, Él mismo habría necesitado un salvador. Esto nunca podría ser si Él fuera nuestro Salvador. La vida de Jesús estaba totalmente en armonía con la perfecta ley de Dios. Su estado de ser, sus pensamientos y sentimientos más íntimos eran tan puros como la intención espiritual de los Diez Mandamientos (Juan 14:30; 2 Corintios 5:21).

> Al tomar sobre sí la naturaleza del hombre en su condición caída, Cristo no participó en lo más mínimo en su pecado... Fue tocado con el sentimiento de nuestras enfermedades, y fue tentado en todos los puntos como nosotros. Y, sin embargo, Él no conoció el pecado... ¿Podría Satanás en lo más mínimo haber tentado a Cristo a pecar?, ... la ira divina habría venido sobre Cristo como vino sobre Adán. Cristo y la iglesia habrían estado sin esperanza. No debemos tener dudas con respecto a la perfecta ausencia de pecado de la naturaleza humana de Cristo.[149]

El sacerdote de la antigüedad tenía que ser santo y perfectamente perdonado si iba a ministrar en nombre de los israelitas. De la misma manera, Jesús es un Sumo Sacerdote perfecto, no sólo según el sumo sacerdote del santuario terrenal, sino también según el orden de Melquisedec (Heb. 7). Es importante recordar esto para que no nos confundamos en cuanto al cumplimiento que Él logró. Él es el sacerdote de todos los sacerdotes. Todo sacrificio y toda función sacerdotal se cumplen en Él.[150] "Porque

[149] *Selected Messages*, libro 1, p. 256.
[150] *The Seventh-day Adventist Bible Commentary*, vol. 1, p. 694.

Cristo no ha entrado en los santos lugares hechos con manos, que son copias de lo verdadero, sino en el cielo mismo, ahora para aparecer en la presencia de Dios por nosotros" (Heb. 9:24). Elena G. de White nos amonesta a mirar hacia arriba. "Levanten sus ojos hacia el santuario celestial, donde Cristo su Mediador se encuentra ante el Padre para presentar sus oraciones como incienso fragante, mezcladas con su propio mérito y justicia inmaculada. Estáis invitados a venir, pedir, buscar, llamar, y estar seguros de que no vendrán en vano".[151] En el santuario de arriba, el que el Señor "lanzó, y no el hombre" (Heb. 8:2), tenemos un sumo sacerdote cuyo nombre es "el SEÑOR NUESTRA JUSTICIA" (Jer. 33:16). Él mismo es el cordero, él mismo es el sacerdote.[152]

El Creyente

El creyente del Nuevo Testamento, a través de la fe en Cristo, experimenta el nuevo nacimiento. "Y así como Moisés levantó a la serpiente en el desierto, así también debe ser levantado el Hijo del Hombre, para que todo aquel que cree en Él no perezca, sino que tenga vida eterna" (Juan 3:14, 15). El primer paso en el nuevo nacimiento viene a través de mirar a Cristo crucificado (Gálatas 3:1, 2). Sin el nuevo nacimiento, es decir, nacer del Espíritu y del agua, no podemos comprender las cosas de Dios (Juan 3:3–6; 1 Corintios 2:12, 13). A través del nuevo nacimiento participamos en el Nuevo Pacto que Cristo ha asegurado para nosotros. De Jesús está escrito:

> "He aquí, he llegado para hacer tu voluntad soberana, oh Dios". Él quita el primero [el Antiguo Pacto] para que pueda establecer el segundo [el Nuevo Pacto]... Ahora bien, el Espíritu Santo también nos testifica en que Él

[151] *Christian Education*, pp. 127, 128.
[152] *The Desire of Ages*, p. 25.

> dijo de antemano: "Este [es] el pacto que yo mismo haré convenio con ellos después de esos días", dice el Señor, "Inscribiendo mis leyes en sus corazones, los imprimiré en sus intenciones. Y sus pecados y obras sin ley de ninguna manera recordaré más". Teniendo, por tanto, hermanos, libertad para hablar sobre a manera de entrar al Santuario (por medio de la sangre de Jesús), que Él instituyó para nosotros, una manera nueva y viva, a través del velo (este velo es su carne); y [tener] un gran sacerdote sobre la casa de Dios; acerquémonos con un corazón verdadero en plena confianza de fe (teniendo nuestros corazones rociados de una conciencia malvada, y nuestros cuerpos lavados con agua pura). (Heb. 10:9, 15–17, 19–22, traducción del autor).

Por fe en Cristo, ahora estamos bajo el Nuevo Pacto. El Antiguo Pacto era "antiguo" porque fue ratificado por la sangre de toros y cabras en la época de Moisés. El Nuevo Pacto es "nuevo" porque fue ratificado por la sangre de nuestro Señor Jesucristo en la cruz del Calvario.[153] Por lo tanto, el creyente del Nuevo Testamento, ya sea judío o gentil, está bajo el Nuevo Pacto. El Antiguo Pacto tenía el santuario terrenal y sus servicios (Éxodo 25:8). El creyente del Nuevo Pacto tiene el santuario celestial y sus servicios (Heb. 9). Todos los sacrificios de sangre encuentran su cumplimiento en Cristo Jesús nuestro Señor y Salvador.[154] En Romanos 8:34, Pablo resumió el evangelio como se revela en los servicios del santuario celestial y terrenal: "Es Cristo quien murió, y además también resucitó, quien está incluso a la diestra de Dios, quien también intercede por nosotros". Él claramente está usando imágenes del santuario para mostrar el camino de la salvación.

---

[153] *Patriarchs and Prophets*, pp. 370, 371.

[154] *The Seventh-day Adventist Bible Commentary*, vol. 1, p. 694.

Así que incluso ahora, bajo el Nuevo Pacto, creemos en Jesús como nuestro Sacrificio y nuestro Sumo Sacerdote. Lo seguimos por fe en el santuario celestial de arriba, así como los antiguos israelitas siguieron al sumo sacerdote por fe cuando entraba en el santuario terrenal para realizar su ministerio. Elena G. de White resumió sucintamente el ministerio de Cristo nuestro Señor en e santuario celestial.

> El incienso, que asciende con las oraciones de Israel, representa los méritos e intercesión de Cristo, su justicia perfecta, que a través de la fe es imputada a su pueblo, y que ella sola puede hacer la adoración de los seres pecadores, aceptable a Dios. Ante el velo del lugar santísimo, había un altar de intercesión perpetua, ante el santo, un altar de expiación continua. Por sangre y por incienso, Dios debía ser abordado, símbolos que apuntaban al gran Mediador, a través del cual los pecadores pueden acercarse a Jehová, y a través del cual misericordia y salvación pueden ser otorgadas al alma arrepentida y creyente.[155]

El creyente del Nuevo Testamento, ya sea judío o gentil, es parte del "Israel de Dios" (Gálatas 6:16; 1 Pedro 2:9; Romanos 2:28, 29). Como observó Elena G. de White, todos los que aceptan a Cristo como Salvador se convierten en el verdadero "Israel de Dios".[156] Jesús está intercediendo por medio de su sangre en el santuario celestial para todos los que aceptan el evangelio (Romanos 8:34). "Pero Él, porque continúa para siempre, tiene un sacerdocio inmutable. Por lo tanto, también es capaz de salvar hasta el extremo a los que vienen a Dios a través de Él, ya que Él siempre vive para interceder por ellos" (Heb. 7:24, 25).[157]

---

[155] *The Faith I Live By*, p. 197.

[156] *The Desire of Ages*, p. 288, etc.

[157] See *Amazing Grace*, p. 154, como una maravillosa descripción del ministerio de Cristo para nosotros.

SECCIÓN IV

CRISTO NUESTRA JUSTICIA—NUESTRO JUEZ ADMIRABLE

Capítulo 10

Cristo—Nuestro Misericordioso Sumo Sacerdote

En 1899, Frank E. Belden, sobrino de Elena G. de White, escribió el himno, "Cover with His Life". Esto significa que hace más de 100 años la gran verdad de Cristo, nuestra justicia en la hora del juicio de Dios, fue musicalizada. Qué bendición es saber que nuestro misericordioso Sumo Sacerdote nos representa en el juicio.

> Mira a Jesús, sin pecado es Él;
> Padre, imputa Su vida sobre mí.
> Mi vida de escarlata, mi pecado y mi aflicción,
> Cubre con Su vida, más blanca que la nieve.
> Profundas son las heridas que ha hecho la transgresión;
> Rojas son las manchas; mi alma tiene miedo.
> Oh, ser cubierto, Jesús, contigo,
> ¡A salvo de la ley que ahora me juzga![158]

Dado que el juicio es el tema con el que el pueblo de Dios debe estar más familiarizado a medida que nos acercamos a la segunda venida de Cristo, es muy importante que traigamos este tema al frente a medida que vemos que se acerca el día. Elena G. de White nos recuerda: "El tema del santuario y el juicio investigador deberían ser claramente entendidos por

[158] Frank E. Belden, "Cover With His Life," *Seventh-day Adventist Hymnal* (1985), hymn no. 412.

el pueblo de Dios. Todos necesitamos saber la posición y el trabajo del gran Sumo Sacerdote."[159]

Una vez más, se nos dice: "Necesitamos humillarnos para el Señor, con ayuno y oración, y meditar mucho en su Palabra, especialmente en las escenas del juicio."[160]

Desafortunadamente, muchos ven el juicio con miedo y temor. La mayoría de las veces, el juicio se entiende como condenación y castigo. Es cierto que no puede haber condena sin juicio. Sin embargo, también es cierto que no puede haber absolución sin juicio (Deut. 25:1). En otras palabras, Dios no puede declararnos inocentes en Cristo ante el universo sin un juicio que nos muestre como tales.

"Es cierto que no puede haber condena sin juicio. Sin embargo, también es cierto que no puede haber absolución sin juicio."

El concepto de un juicio final se pone a la vista tanto en el Antiguo como en el Nuevo Testamento. Abraham tenía confianza en Dios como el Juez de toda la tierra (Génesis 18:25). En el Nuevo Testamento, Jesús es presentado como aquel que sería el Juez (Juan 5:22; Heb. 10:30). Esto significa que nuestro sustituto y garante es también nuestro maravilloso Juez. Él es aquel que conoce absolutamente cada caso, la miseria, el arrepentimiento y la fe de cada persona.[161] Él toma en consideración las ventajas y desventajas de cada uno. Él incluso considera dónde y cuándo nacimos (Sal. 87:6). Él "no desea que alguien perezca, sino que todos vengan al arrepentimiento" (2 Pedro 3:9). El clamor de su corazón es que nos apartemos de nuestros malos caminos, porque Él no tiene placer en la muerte de los impíos (Jer. 8:21, 22; Ezequiel 18:30–32; 33:11).

El Nuevo Testamento establece claramente que todos debemos estar delante del tribunal de Cristo (Romanos 14:10; 2 Corintios 5:10).

---

[159] *The Great Controversy*, p. 488.

[160] *Review and Herald*, Enero. 10, 1907.

[161] *Testimonies for the Church*, vol. 5, p. 474.

Dios juzgará tanto a los muertos como a los vivos de acuerdo con sus obras (2 Tim. 4:1; 1 Pedro 4:5; Eccl. 3:17; 12:13, 14; 1 Pedro 4:17).

Aludiendo a las imágenes del santuario, Elena G. de White indica claramente lo que sucede en el juicio. "Los pecados de algunos hombres están abiertos de antemano, confesados en penitencia y abandonados, y van de antemano al juicio. "Perdón" está escrito junto a los nombres de estos hombres. Pero los pecados de otros hombres siguen después, y no son desechados por el arrepentimiento y la confesión, y estos pecados quedarán registrados contra ellos en los libros del cielo."[162]

Los libros del cielo

Hemos hablado sobre perdón, justificación, y sobre los pecados que van "de antemano al juicio" para ser borrados. En las cuentas celestiales, hay un registro de toda nuestra alabanza, oraciones y confesión de pecado (Sal. 56:8; 139:16; Mal. 3:16). Todo sobre nosotros—nuestros pensamientos, nuestros sentimientos, nuestros santos esfuerzos e incluso nuestros resbalones y caídas—están en los libros de memorias de Dios. Nuestro Padre Celestial sabe todo acerca de nosotros individualmente. El salmista declara:

> ¿Adónde puedo irme de tu Espíritu?
> ¿O adónde podré huir de tu presencia?
>
> Si subo al cielo, allí estás Tú;
> Si hago mi cama en el infierno [sheol, la tumba],
> he aquí, allí estás.
>
> Si tomo las alas de la mañana,
> y habito en los confines del mar,

[162] *The Seventh-day Adventist Bible Commentary*, vol. 7, p. 916.

aun allí me guiará tu mano,
Y tu diestra me sostendrá.

Si digo: "Ciertamente las tinieblas caerán sobre mí,"
Aun la noche será luz a mi alrededor;
En verdad, las tinieblas no se esconderán de ti,
sino que la noche resplandecerá como el día;
Las tinieblas y la luz son ambas iguales para Tí.
(Sal. 139:7–12)

Además, Jesús nos dice que incluso los pelos de nuestra cabeza están contados (Mateo 10:30), y el salmista dice: "Él cuenta el número de las estrellas; Las llama a todas por su nombre" (Sal. 147:4; cf. Isaías 40:26). Pablo dice de Jesús: "Todas las cosas fueron creadas por medio de Él y para Él" (Colosenses 1:16). El Creador del universo conoce el lugar y el funcionamiento de cada partícula. Incluso nuestros pensamientos y las intenciones de nuestros corazones están abiertos a Él; son tan claros como la luz del sol (Génesis 6:5; Salmo 139:2). Y Pablo dice: "En Él vivimos, nos movemos y tenemos nuestro ser" (Hechos 17:28).

Debido a que Dios está tan íntimamente familiarizado con nuestro propio ser, nos aconseja: "Que el malvado abandone su camino, y el hombre injusto sus pensamientos; que regrese al Señor, y Él tendrá misericordia de él; y a nuestro Dios, porque Él perdonará abundantemente" (Isaías 55:7). Pablo explica cómo esto es posible a través de las disposiciones del evangelio. A través de la obra del Espíritu Santo en nuestras almas, "llevando cada pensamiento cautivo a la obediencia de Cristo", vivimos la vida cristiana en armonía con la santa voluntad de Dios (2 Corintios 10:5).

No es para refrescar la memoria de Dios que Él mantiene un registro de los nombres y obras de cada uno de nosotros todo el tiempo. Es para el beneficio de todo el universo, para que todos puedan ver la justicia y la misericordia de Dios en su trato con el problema del pecado. Tanto Daniel como Juan vieron que los libros de registros del cielo eran la base del juicio. Daniel dice: "La corte estaba sentada, y los libros fueron abiertos"

(Dan. 7:10). Juan vio, en el juicio del gran trono blanco, que "se abrieron libros. Y se abrió otro libro, que es el Libro de la Vida. Y los muertos fueron juzgados según sus obras, por las cosas que estaban escritas en los libros" (Apocalipsis 20:12). Esto es así porque Dios ha prometido "llevar toda obra al juicio, incluyendo toda cosa secreta, ya sea buena o mala" (Eclesiastés 12:14). Luego, cuando Jesús venga, Él dirá: "Mi recompensa está conmigo, para dar a todos según su obra" (Apocalipsis 22:12). La demostración de la justicia perfecta requiere cuentas perfectas. Por otro lado, la misericordia perfecta también requiere registros perfectos.

Moisés estaba al tanto de estos registros celestiales. Oró para que, si Dios no podía perdonar a Israel, pudiera ser borrado con ellos. "Sin embargo, ahora, si perdonas su pecado, pero si no, ruego, bórrame de tu libro que has escrito" (Éxodo 32:32). Tenga en cuenta que este es un libro de la propia escritura de Dios. "En la oración de Moisés, nuestras mentes se dirigen a los registros abundantes en los que se inscriben los nombres de todos los hombres, y sus obras, ya sean buenas o malas, se registran fielmente. El libro de la vida contiene los nombres de todos los que alguna vez han entrado al servicio de Dios."[163] En el juicio, Jesús dice que el que "venciere será vestido con vestiduras blancas, y no borraré su nombre del Libro de la Vida; pero confesaré su nombre delante de mi Padre y delante de sus ángeles" (Apocalipsis 3:5). Ciertamente, nuestro Abogado no borraría el nombre de una persona del Libro de la Vida sin un juicio justo y abierto.

Entonces, en el juicio, Jesús no es solo nuestro Juez, Sustituto y Garante, sino que también es nuestro Abogado en el santuario celestial. El apóstol Juan escribió: "Hijitos Míos, estas cosas les escribo, para que no pequen. Y si alguien peca, tenemos un Abogado con el Padre, Jesucristo el justo. Y Él mismo es la propiciación por nuestros pecados, y no sólo por los nuestros, sino también por el mundo entero" (1 Juan 2:1, 2). Durante este juicio, Jesús nos lleva hacia la "at-onement" ("Expiación") consigo mismo. El uso de la palabra "atonement" en el diccionario nos

---

[163] *Patriarchs and Prophets*, p. 326.

ayuda a relacionarnos con ella. Se usó por primera vez en el año 1575 y puede haber venido de "atone + -ment *como la traducción del latín medieval adūnāmentum*; sin embargo, el sustantivo se encuentra antes que el verbo (expiar); y en este sentido, la etimología adecuada es at + one-ment."[164] Esta "expiación" final en el juicio borra nuestros pecados y nos sella a la unidad con Cristo por la eternidad, cumpliendo así la oración de Jesús de Juan 17.

Así como en los tiempos del Antiguo Testamento el juez estaba en el lado del acusado (Deut. 19:17–19; 32:36), así también nuestro Maravilloso Juez está de nuestro lado: Él es nuestro Defensor, y Él facilita nuestra unidad con Él.

La obra de nuestro Sumo Sacerdote Celestial

Cuando se trata del juicio, Jesús dice que el Padre mismo nos ama y no desea que nos perdamos. ¿Por qué entonces Jesús aboga por nosotros ante el Padre? El problema es que Dios es inmutable y su ley es inmutable (Mal. 3:6). Además, Pablo dice que la ley es "santa, justa y buena" (Rom. 7:12). La pregunta entonces sigue: ¿Cómo puede Dios ser justo y el justificador de aquellos que confían en Jesús para la salvación? ¿Cómo puede Dios salvar a los pecadores a quienes ama y aún así ser justo delante del universo? Estas son las preguntas que desconcertaron la mente de Satanás y que todavía desconciertan las mentes de muchos hoy en día.

En relación a la Ley

Antes de continuar, veamos la santa ley de Dios por un momento. Los principios de estos Diez Mandamientos son eternos, tan eternos como el trono de Dios. Son universales, abarcando el amor a Dios y a toda la

[164] "Atonement," wiktionary, disponible en http://1ref.us/rp, accedido 2/27/2019.

humanidad (Mateo 22:37–40). La felicidad de todo el universo depende de que todas las criaturas de Dios vivan en armonía con su santa ley.[165] El profeta Amós habló por Dios cuando preguntó: "¿Pueden dos caminar juntos, a menos que estén de acuerdo?" (Amós 3:3). Dios no cambia. Él es eternamente el mismo (Heb. 13:8). No quisiéramos que Él fuera de otra manera. Cuando reina la anarquía, nadie está a salvo ni feliz. Solo hay locura. La eternidad en un ambiente como ese sería un infierno.

A menudo se ha dicho que la santa ley de Dios es una transcripción de su carácter.[166] ¿Cómo podría ser otra cosa? Es inimaginable que Dios diera una ley que no estaría en armonía con su pensamiento y persona. De hecho, Él dice: "Yo soy el Señor, no cambio" (Mal. 3:6).

Note las referencias bíblicas que se refieren tanto a Dios como a su santa ley.

El carácter de Dios y su ley son lo mismo.		
El carácter de Dios	El atributo esencial	La Ley de Dios
Sal. 19:2	Eterno	Sal. 111:7, 8
Deut. 7:9	Fiel	Sal. 119:86
Mate. 19:17	Bueno	Rom. 7:12
Lev. 19:2	Santo	Rom. 7:12
Deut. 32:4	Justo	Rom. 7:12
1 Juan 1:2; 5:20	Vida	Juan 12:50
1 Juan 1:5	Luz	Prov. 6:23
1 Juan 4:8	Amor	Rom. 13:10
Is. 9:6	Paz	Sal. 119:165
Mat. 5:48	Perfecto	Sal. 19:7
1 Juan 3:3	Puro	Sal. 19:8
Sal. 145:17	Justo	Sal. 119:172; Deut. 4:8
1 Cor. 10:4; Juan 4:24	Espiritual	Rom. 7:14
Juan 14:6	Verdad	Sal. 119:142
Col. 2:3	Sabiduría	Sal. 119:97–99

[165] See *Steps to Christ*, p. 62; *The Spirit of Prophecy*, vol. 1, p. 22; *Testimonies for the Church*, vol. 1, p. 132.

[166] Christ's Object Lessons, p. 305.

Aunque es en los escritos de Pablo donde encontramos la mayoría de las declaraciones bíblicas acerca de la justicia imputada de Cristo, sin embargo, también es en los escritos de Pablo que encontramos un llamado consistente a una vida santificada a través de la obediencia a la santa ley de Dios. Elena G. de White comentó sobre los escritos de Pablo sobre la ley:

> Pablo se detuvo especialmente en las afirmaciones de largo alcance de la ley de Dios. Mostró cómo se extiende a los secretos profundos de la naturaleza moral del hombre y arroja un torrente de luz sobre lo que ha sido ocultado a la vista y al conocimiento de los hombres. Lo que las manos pueden hacer o la lengua puede pronunciar, lo que la vida exterior revela, pero muestra imperfectamente el carácter moral del hombre. La ley escudriña sus pensamientos, motivos y propósitos. Las oscuras pasiones que yacen ocultas a la vista de los hombres, los celos, el odio, la lujuria y la ambición, las malas acciones meditadas en los oscuros recovecos del alma, pero nunca ejecutadas por falta de oportunidad, todo esto, la ley de Dios condena.[167]

La descripción de esta ley buena y perfecta se alinea completamente con lo que Jesús era en su humanidad cuando estaba en la tierra (Juan 15:10). Él dice: “El que me ha visto, ha visto al Padre” (Juan 14:9). Nuestro maravilloso Juez es el mismo ayer, hoy y siempre (Heb. 13:8). Su rectitud no tiene fin. No es de extrañar que la santa ley de Dios de los Diez Mandamientos sea el único estándar de justicia en el juicio final (Santiago 2:10–12). Él quiere salvarnos en su reino eterno donde estaremos plenamente en armonía con sus principios eternos de justicia, los principios de amor a Dios y amor los unos a los otros. Tal armonía estará en cuerpo, alma y espíritu y en intención, deseo y propósito. En otras palabras, Jesús

[167] *Acts of the Apostles*, p. 424.

quiere que estemos plenamente en armonía con Él y con el Padre, sin un solo indicio o pensamiento de ser de otra manera. En palabras de Elena G. de White, estar plenamente en armonía con Jesús significa "ser absoluta y completamente para Él en este mundo como Él es para nosotros en la presencia de Dios."[168]

Nuestro maravilloso Juez vino a la tierra para hacer por nosotros lo que era imposible para nosotros hacer por nosotros mismos. Él promete: "El que viene a mí, de ninguna manera lo echaré fuera" (Juan 6:37). Él implora: "Venid a mí, todos los que trabajáis y estáis cargados, y yo os daré descanso" (Mateo 11:28). ¿Qué otro juez ha dicho alguna vez: "Yo, incluso yo, soy Aquel que borra tus transgresiones por mi propio bien; y no recordaré tus pecados" (Isaías 43:25)?

De Jesús, Pedro dijo: "Es Él quien fue ordenado por Dios para ser Juez de los vivos y de los muertos" (Hech. 10:42). Y Jesús dijo: "Porque el Padre no juzga a nadie, sino que ha confiado todo juicio al Hijo" (Juan 5:22).

En relación al amor del Padre y del Hijo

Consideremos por un momento este gran evento que tiene lugar en el santuario celestial. Allí vemos al Padre de nuestro Señor Jesucristo, y allí vemos al Hijo, que es el Cordero inmolado desde la fundación del mundo, intercediendo como nuestro Sumo Sacerdote y ministrando su perdón y justicia por nosotros. También vemos la ley de los Diez Mandamientos por la cual somos juzgados. Rodeando esta solemne y majestuosa escena están los ángeles y el universo que contemplan. Todo el cielo está intensamente interesado en el resultado del juicio.

Es el amor del Padre que hizo provisión para esta escena del juicio. Jesús dijo: "No os digo que voy a orar al Padre por vosotros; *porque el Padre mismo os ama*" (Juan 16:26, 27, cursiva agregada para dar énfasis).

---

[168] *Acts of the Apostles*, p. 566.

En este juicio, el "consejo de paz será entre ambos" (Zac. 6:13). Es decir, el consejo será entre el Padre y el Hijo. Zacarías profetizó que, en el santuario celestial, Cristo sería a la vez Sacerdote y Rey en el trono de su Padre (véase Apocalipsis 3:21). "Él llevará la gloria, y se sentará y gobernará en el trono de su [Padre]; así que Él será sacerdote en su trono, y el consejo de paz será entre ambos" (Zac. 6:12, 13).[169] Este consejo cumple con el justo requisito que Dios mismo estableció en Deuteronomio 19:15, "por boca de dos o tres testigos se establecerá el asunto."[170] Son el Padre y el Hijo quienes dan testimonio de nuestra inocencia ante la ley de los Diez Mandamientos.

Como el consejo de paz es entre ambos, eso significa que tanto el Padre como el Hijo están de nuestro lado. Dios está haciendo todo lo posible en su gran y vasto universo para asegurarnos que estaremos con Él en la eternidad. Juntos, el Padre y el Hijo juzgan si, por medio del arrepentimiento y la fe, hemos aceptado la justicia imputada de Cristo y hemos cooperado con el Espíritu Santo para transformar nuestro carácter para que esté en armonía con su santa ley. Puesto que todos deben ser juzgados por "la ley de la libertad" (Santiago 2:10–12), es necesario que dos testigos estén de acuerdo en que somos inocentes. Es el oficio del juez, frente a dos o tres testigos, "justificar a los justos y condenar a los impíos" (Deut. 25:1). Por lo tanto, el Padre y el Hijo, a través del "consejo de paz entre ambos", dan testimonio de que hemos cooperado con el gran plan de salvación y somos considerados dignos de un lugar en su reino eterno. Elena G. de White alentadoramente declara: "Todos los que verdaderamente se han arrepentido del pecado, y por fe reclamaron la sangre de Cristo como su sacrificio expiatorio, han obtenido el perdón registrado junto a sus nombres en los libros del cielo; por cuanto se han hecho partícipes de la justicia de Cristo, y sus caracteres están en armonía con la ley de Dios, sus pecados serán borrados, y ellos mismos serán considerados dignos de la vida eterna."[171]

---

[169] Ver *The Great Controversy*, pp. 415, 416; insertion in Zechariah by the author.

[170] Ver también Heb. 10:28, 29.

[171] *The Great Controversy*, p. 483.

Nuestro maravilloso Juez no está tratando de mantener a nadie fuera del cielo. Más bien, Él ha hecho y está haciendo todo lo que es posible para que podamos estar con Él en la eternidad. "Porque de tal manera amó Dios al mundo que dio a su Hijo unigénito" y todo lo que ello implica "que todo aquel que cree en Él no se pierda, sino que tenga vida eterna" (Juan 3:16). ¿Qué más podría hacer Jesús que morir por nosotros la segunda muerte, lo que significaría nuestra separación eterna de nuestro Dios Santo? Se nos dice que Jesús, mientras estaba en la cruz, no podía ver más allá de la tumba.[172] Eso es lo que tendríamos sin Él. Sin embargo, "por fe, Cristo fue vencedor."[173] Ahora Él intercede por nosotros en el santuario celestial su justicia ante el Padre amoroso y su santa ley, y Él gentilmente nos concede su Espíritu Santo para que podamos apreciar todo lo que Él ha hecho y glorificar su santo nombre viviendo para Él.

"El creyente seguía al sumo sacerdote en sus rituales sacerdotales en el Día de la Expiación solo por fe."

¿Qué más podemos hacer si no, con un corazón lleno de amor, venir a Él en arrepentimiento y fe y aceptar todo lo que Él está haciendo por nosotros? Porque, de hecho, es "por el arrepentimiento y la fe" que "somos capacitados para rendir obediencia a todos los mandamientos de Dios, y ser encontrados sin culpa ante Él."[174]

Cooperando con nuestro Maravilloso Sumo Sacerdote

Como señalamos en la SECCIÓN III, en el servicio terrenal del santuario, el creyente seguía al sumo sacerdote en sus rituales sacerdotales en el Día

[172] *The Desire of Ages*, p. 753.

[173] *The Desire of Ages*, p. 756.

[174] *Testimonies for the Church*, vol. 5, p. 472; comparar Hechos 20:21; "Ahora, mientras nuestro gran Sumo Sacerdote hace la expiación por nosotros, debemos procurar llegar a ser perfectos en Cristo" (*The Great Controversy*, p. 623).

de la Expiación solo por fe. Se reunía con otros en el santuario, pero no entraba en el santuario. Sólo por la fe podía seguir a su representante, el sumo sacerdote, mientras entraba en el Lugar Santísimo en la presencia de Dios. Los rituales en el Día de la Expiación en el antiguo Israel limpiaban al pueblo y al santuario y retiraban el registro de pecado lejos de ellos, de hecho, tan lejos como el este está del oeste (Lev. 16; Sal. 103:12).

Tanto el Antiguo Testamento como el Nuevo deben ser vistos a la luz de Dios lidiando con el pecado a través de las ceremonias del santuario. El salmista dijo que su camino "está en el santuario" (Sal. 77:13). Los escritores del Nuevo Testamento estaban muy familiarizados con el templo terrenal. Su mentalidad sobre el camino hacia la salvación era que la salvación estaba en el santuario. El Espíritu Santo habló a ellos y a través de ellos, testificando que el sacrificio y el ministerio de Jesús en el santuario celestial son el antitipo de los rituales terrenales del santuario (Hebreos 8–10). La iglesia primitiva era de origen y cultura judía.

"Sólo por la fe podía seguir a su representante, el sumo sacerdote, mientras entraba en el Lugar Santísimo en la presencia de Dios."

Al leer el Nuevo Testamento, debemos usar "gafas de santuario". La iglesia del Nuevo Testamento es la continuación del Israel de Dios, y así pasará hasta el final.

Sabiendo estas cosas, debemos dirigir nuestra atención al juicio previo al advenimiento a la luz de las imágenes del santuario. Debido a que el juicio previo al advenimiento de todos los que han profesado el nombre de Jesús comenzó en 1844 y se cierra con los vivos, necesitamos ver lo que significa la aplicación final de la expiación para nosotros que vivimos hoy.[175] El propósito general de la expiación final es ponernos en armonía con el carácter de Cristo para que Él venga y nos lleve a casa, al cielo.[176]

---

[175] Para la validación de la fecha, Ver Clifford Goldstein, *1844 Made Simple* (1988).

[176] *Christ's Object Lessons*, p. 69.

Es alentador ver que este tema ha estado recibiendo más atención en los últimos años que antes. El juicio investigador se resume sucintamente en la vigésimo cuarta de las veintiocho creencias fundamentales de la Iglesia Adventista del Séptimo Día.[177] Esta creencia dice, en parte: "El juicio investigador revela a las inteligencias celestiales quiénes entre los muertos están dormidos en Cristo y, por lo tanto, en Él, se consideran dignos de participar en la primera resurrección. También pone de manifiesto quiénes entre los vivos permanecen en Cristo, guardando los mandamientos de Dios y la fe de Jesús, y en Él, por lo tanto, están listos para ser trasladados a su reino eterno."[178]

Sin embargo, hay algunas preguntas que deberán responderse en el juicio. Jesús "preguntará: ¿Qué has hecho para promover mi causa con los talentos que te presté? ¿Qué has hecho por mí en la persona de los pobres, los afligidos, los huérfanos y los que no tienen padre?

Estaba enfermo, pobre, hambriento y desprovisto de ropa; ¿Qué hiciste por mí con mis medios confiados? ¿Cómo fue empleado el tiempo que te presté? ¿Cómo usaste tu pluma, tu voz, tu dinero, tu influencia? Te hice depositario de una preciosa confianza al abrir ante ti las emocionantes verdades que anuncian mi segunda venida. ¿Qué has hecho con la luz y el conocimiento que te di para hacer sabios a los hombres para la salvación?"[179]

Nuestra única respuesta apropiada, a través de la inspiración del Espíritu que mora en nosotros, es ceder a la convicción y seguir su ejemplo en el ministerio a los desatendidos. Como dice Pablo: "Porque por gracia habéis sido salvos por la fe, y no por vosotros mismos; es el don de Dios, no de las obras, para que nadie se jacte"; el resultado es que "somos su obra, creados en Cristo Jesús para buenas obras, que Dios preparó de antemano para que camináramos en ellas" (Efesios 2:8–10). Las buenas obras que Dios ha preordenado, en las que vivimos, son para traer gloria a Dios en el juicio (Mateo 5:16 y Apocalipsis 14:7). De nuestro día, Elena G.

---

[177] "28 Fundamental Beliefs," disponible en http://1ref.us/rq, accedido 2/27/2019.

[178] Ver también *Seventh-day Adventists Believe*, segunda edicion, pp. 347, 348.

[179] *Signs of the Times*, Nov. 20, 1884; see also Matt. 25:31–40.

de White escribió: "Estamos en el gran día de la expiación, cuando nuestros pecados son, por confesión y arrepentimiento, llevados de antemano al juicio. Dios no acepta ahora un testimonio manso y sin espíritu de sus ministros. Tal testimonio no sería la verdad presente. El mensaje para este tiempo debe ser carne en la temporada debida para alimentar a la iglesia de Dios. Pero Satanás ha estado tratando gradualmente de robar el poder de este mensaje para que la gente no esté preparada para permanecer en el día del Señor."[180]

Conclusión

Como hemos visto, la expiación final está comprometida con Jesús, nuestro Sustituto y Garante. Él ahora es nuestro maravilloso Juez y Abogado. En el Nuevo Pacto, como lo hicieron los creyentes en el Antiguo, seguimos por fe a nuestro gran Sumo Sacerdote y Juez mientras Él ministra por nosotros en el lugar Santísimo del santuario celestial.[181]

"Son aquellos que por fe siguen a Jesús en la gran obra de la expiación los que reciben los beneficios de su mediación en su favor".[182] Así como fue con el israelita creyente, así es con nosotros. Puesto que estamos viviendo en el antitípico Día de la Expiación, nuestros pecados deben ir de antemano al juicio (1 Tim. 5:24) para que puedan ser borrados cuando los tiempos de refrigerio vengan de la presencia del Señor; y Él nos envíe a Jesucristo (Hechos 3:19, 20).[183]

Se nos ofrece cooperar con Jesús mientras Él ministra en nuestro nombre para eliminar el pecado de nosotros y, en última instancia, del universo. Es por el arrepentimiento y la fe que somos limpiados de todo pecado (1 Juan 1:7–9) y nuestros pecados son borrados en el juicio (1 Tim. 5:24; Hechos 3:19). Cuando nuestros pecados son borrados de

[180] *Selected Messages*, libro 1, p. 124.

[181] *The Great Controversy*, pp. 424, 425.

[182] *The Great Controversy*, p. 430.

[183] *The Great Controversy*, p. 485.

los registros del cielo, Jesús puede mostrar ante el universo que "la vida de sus discípulos de confianza sería como la suya, una serie de victorias ininterrumpidas, no vistas como tales aquí, pero reconocidas como tales en el gran más allá."[184]

Caminando en la luz que fluye desde el santuario celestial, podemos llegar al trono de gracia de Dios y ser cubiertos por la eternidad con la justicia imputada de Cristo. En el "cierre del gran día de la expiación", Cristo pide por nosotros "no sólo perdón y justificación, plenos y completos, sino una participación en su gloria y un asiento en su trono."[185]

---

[184] *The Desire of Ages*, p. 679.

[185] *Testimonies for the Church*, vol. 5, p. 472; *The Great Controversy*, p. 483.

Capítulo 11

La Remoción del Pecado

El pecado no puede y no volverá a entrar en el cielo (Gálatas 5:16–21; Nah. 1:9). Los ángeles celestiales habrán visto los resultados de la rebelión que Lucifer inició en el cielo. "Todo el universo se habrá convertido en testigo de la naturaleza y los resultados del pecado… Nunca más se manifestará el mal… Una creación probada y comprobada nunca más dejará de ser leal a Aquel cuyo carácter se ha manifestado plenamente ante ellos como un amor insondable y sabiduría infinita."[186]

Dios ha hecho toda provisión para limpiarnos de todo pecado para que podamos entrar en su presencia eterna en la venida de Jesús, sin vergüenza y sin culpa. La carne y la sangre no heredarán el reino de Dios (1 Cor. 15:50). Todo pecado debe ser tratado antes de la venida de Cristo. "Un carácter formado de acuerdo con la semejanza divina es el único tesoro que podemos llevar de este mundo al siguiente"; "y los pensamientos y sentimientos combinados conforman el carácter moral."[187] Así como todo pecado fue tratado en el Día de la Expiación en el antiguo Israel, y el pecado fue borrado y removido del santuario terrenal y de la congregación (Lev. 16), así también el pecado fue borrado en el antitípico Día de la Expiación. Todo pecado que es enviado de antemano por el arrepentimiento y la confesión al juicio en el santuario celestial es borrado. Entonces se realizará plenamente la bendición del Nuevo Pacto, "Porque seré misericordioso con su injusticia, y sus pecados y sus obras sin ley, no recordaré más" (Heb. 8:12).

---

[186] *The Great Controversy*, p. 504.

[187] *Christ's Object Lessons*, p. 332; *Testimonies for the Church*, vol. 5, p. 310.

Cooperación por Confesión y Arrepentimiento

La limpieza del santuario celestial para la eliminación del registro del pecado comenzó en 1844 con todos los que murieron con la esperanza de la vida eterna.[188] Por la naturaleza misma de las cosas, esa limpieza terminará con el juicio para los vivos. En esta expiación final, nuestro Salvador quiere juzgarnos inocentes y borrar el pecado de nuestra vida y de los libros de registros del cielo.

Los antiguos israelitas debían reunirse en el santuario y afligir sus almas (Lev. 16:29–31).[189] Afligir el alma significa humillarse ante Dios con el escudriñamiento y arrepentimiento de corazón y, por arrepentimiento y fe, dejar de lado todo pecado conocido. Su fe estaba totalmente en la sangre del sacrificio y el ministerio del sumo sacerdote. No es diferente para nosotros hoy. Por medio del arrepentimiento y la fe, nosotros también debemos enviar nuestros pecados "de antemano... al juicio" (1 Tim. 5:24) para que puedan ser borrados cuando los "tiempos de refrigerio" puedan ser derramados en el poder de la lluvia tardía de la presencia del Señor (Hech. 3:19).[190]

En la actualidad, el texto más importante que podemos recordar es 1 Juan 1:9; "Si confesamos nuestros pecados, Él es fiel y justo para *perdonar* nuestros pecados y *limpiarnos* de toda maldad" (énfasis añadido). En el arrepentimiento, "el corazón debe ser entregado a Dios, debe ser sometido por la gracia divina, antes de que el arrepentimiento del hombre pueda ser aceptado."[191] Este tipo de arrepentimiento es un regalo de Dios (Hechos 5:31). "Cristo no perdona a nadie más que al penitente, pero a quien perdona primero lo hace penitente. La provisión hecha es completa, y la justicia eterna de Cristo se pone en la cuenta de toda alma creyente."[192] "El arrepentimiento hacia Dios y la fe en nuestro Señor Jesucristo" fueron

---

[188] *Early Writings*, p. 253; *The Great Controversy*, p. 435.
[189] *The Great Controversy*, p. 490.
[190] *The Seventh-day Adventist Bible Commentary*, vol. 7, p. 916; *The Great Controversy*, p. 485.
[191] *Patriarchs and Prophets*, p. 587. Vea el Salmo 51 como un ejemplo perfecto de arrepentimiento.
[192] *A New Life*, p. 23.

el núcleo y la esencia del mensaje del apóstol Pablo (Hech. 20:20, 21). De hecho, Elena G. de White nos da la seguridad de que por "el arrepentimiento y la fe estamos capacitados para rendir obediencia a todos los mandamientos de Dios, y somos encontrados sin culpa ante Él".[193]

Es a través del arrepentimiento y la fe que debemos "limpiarnos de toda inmundicia de la carne y el espíritu, perfeccionando la santidad en el temor de Dios" (2 Corintios 7:1).[194] Es a través del arrepentimiento y la fe que nuestros "pecados están abiertos de antemano, yendo antes del juicio" para ser tratados en el gran Día Anti-típico de expiación (1 Tim. 5:24, RVA).[195] El arrepentimiento "es el único proceso por el cual la pureza infinita refleja la imagen de Cristo en sus súbditos redimidos".[196] Y, en cada aspecto del juicio previo al advenimiento, debemos recordar constantemente que es nuestro bendito Señor por medio del Espíritu Santo quien nos trae esta bendición de arrepentimiento (Hech. 5:31, 32; Juan 16:7, 8). De hecho, al abrir nuestros corazones para recibir el Espíritu Santo a través de Cristo nuestro Salvador, el Espíritu Santo trae todas las demás bendiciones.[197]

Llegando al Juicio como Pecadores

Una de las narraciones más impresionantes que representan el "cierre" del gran Día de la Expiación es la visión de Zacarías 3, con respecto a Josué y el Ángel. Elena G. de White nos dice: "La visión de Zacarías de Josué y el Ángel se aplica con una fuerza peculiar a la experiencia del pueblo de Dios en el cierre del gran día de expiación."[198] El gran día de la expiación final se cierra con el juicio de los vivos. Josué, como representante del

---

[193] *Testimonies for the Church*, vol. 5, p. 472.
[194] Los conceptos de arrepentimiento y fe se encuentran en los versículos 9 y 10.
[195] *The Great Controversy*, p. 620.
[196] *The Seventh-day Adventist Bible Commentary*, vol. 7, p. 1068.
[197] *The Desire of Ages*, p. 672.
[198] *Testimonies for the Church*, vol. 5, p. 472.

pueblo de Dios, está de pie ante el Señor con vestiduras sucias sin nada que decir en su propia defensa. Es el Señor quien toma su caso y responde a los cargos de Satanás, el enemigo.

En el curso natural de las cosas, el juicio debe pasar de los casos de los muertos a los casos de los vivos. La visión de Zacarías representa a Josué como llegando al juicio con vestiduras sucias, confesándose a sí mismo como un pecador. De la misma manera llegamos al juicio como pecadores necesitados de la gracia salvadora de Dios. Se ha afirmado en tiempos pasados que debemos estar perfectamente sin pecado antes de llegar al juicio. La visión de Zacarías no indica que este sea el caso. Josué está en el juicio en "vestiduras sucias" (Zac. 3:3). Las vestiduras sucias representan nuestra pecaminosidad, porque "todas nuestras vestimentas son como trapos sucios" (Isaías 64:6). Al comentar sobre Zacarías 3, Elena G. de White afirma sucintamente que las vestiduras sucias de nuestra pecaminosidad se quitan a medida que "confesamos y abandonamos nuestros pecados, para que puedan ir de antemano al juicio y ser borrados."[199]

Al llegar al juicio, cuán alentadoras son estas palabras: "Se quitan las vestiduras sucias; porque Cristo dice: 'He hecho que tu iniquidad pase de ti'. La iniquidad se transfiere al inocente, al puro, al santo Hijo de Dios; y el hombre, todo indigno, está delante del Señor limpiado de toda maldad, y revestido con la justicia imputada de Cristo. ¡Oh, qué cambio de vestimenta es este!"[200] Mientras nosotros, como Josué de la antigüedad, estamos ante nuestro Juez orando en penitencia y fe, Jesús "sujeta ante el Padre el incensario de sus propios méritos, en los que no hay mancha de corrupción terrenal. Él reúne en este incensario las oraciones, la alabanza y las confesiones de su pueblo, y con ellas pone su propia justicia inmaculada. *Entonces, perfumado con los méritos de la propiciación de Cristo, el incienso aparece ante Dios total y enteramente aceptable*. Luego retornan respuestas amables."[201]

---

[199] *The Seventh-day Adventist Bible Commentary*, vol. 4, p. 1178.

[200] *The Seventh-day Adventist Bible Commentary*, vol. 4, p. 1178.

[201] *Selected Messages*, libro 1, pág. 344, énfasis añadido.

Cuán importante es que sigamos a nuestro maravilloso Juez y Sumo Sacerdote por fe y sigamos el ritmo de la obra que Él está haciendo por nosotros en el santuario celestial. Este es el mensaje para nuestro tiempo porque se aplica al cierre del gran Día de la Expiación.[202]

Necesita ser proclamado desde cada púlpito y publicado una y otra vez en el adventismo para que nuestro pueblo no solo pueda cooperar con Jesús en el santuario celestial, sino que esté preparado para encontrarse con Jesús en paz cuando venga en las nubes de gloria.

La visión de Josué y el Ángel, de Zacarías 3, es un mensaje de "verdad presente" para nosotros hoy. Los pioneros adventistas entendieron que la expiación final era un proceso. Elena G. de White se refirió a ella como un "asentamiento en la verdad".[203] Mi corazón se emociona ante la gloria de Dios cuando pienso en ello. Ahora, incluso ahora, por arrepentimiento y fe (Hech. 20:20, 21; 1 Juan 1:9), debemos enviar todos nuestros pecados de antemano al juicio para que puedan ser borrados cuando la lluvia tardía perfeccionadora, los tiempos de refrigerio, vengan de la presencia del Señor.[204]

Para mostrarnos el significado de cooperar con Él en la expiación final, Jesús nos dio la parábola del vestido de bodas que se encuentra en Mateo 22. El rey proporcionó el vestido.[205] Se esperaba que los invitados cooperaran con la gentil oferta del rey y lo usaran. Sin embargo, un invitado, en la parábola, se encuentra con su propia ropa. ¡Qué insulto al rey venir a la boda sin la costosa vestimenta que el rey proporcionó a cada invitado! ¿Es de extrañar que el invitado que se negó a usarlo fuera expulsado? Todo el cielo está en movimiento solicitando nuestra cooperación con Cristo para que no seamos encontrados sin el manto de su justicia en su segunda venida.

---

[202] *Testimonies for the Church*, vol. 5, p. 472.

[203] *The Faith I Live By*, p. 287; ver tambiénPaul A. Gordon, *The Sanctuary, 1844 and the Pioneers* (2000), p. 146.

[204] *The Faith I Live By*, p. 334; *The Great Controversy*, p. 485.

[205] Christ's Object Lessons, p. 309.

La Remoción del Pecado

Como se dijo anteriormente, las metáforas de quitar el pecado tan lejos como el este está del oeste y de arrojar todos nuestros pecados a las profundidades del mar se refieren a cuán completamente el chivo expiatorio en el Día de la Expiación eliminaba el registro del pecado del campamento de Israel (Sal. 103:12; Miqueas 7:19; Lev. 16). Los pecados no eran arrojados figurativamente "a las profundidades del mar" hasta después de ser juzgados y borrados en el Día de la Expiación. No había otra manera para que Dios tratara con los pecados de su pueblo que a través de los rituales del santuario del sistema de sacrificios en el Antiguo Testamento. Bajo el Nuevo Testamento, "no hay otro nombre bajo el cielo dado entre los hombres por el cual debamos ser salvos" (Hech. 4:12), porque Jesús es la realidad del cordero sacrificial para quitar el pecado del mundo (Juan 1:29).

Algunos han dicho que, si estamos listos para la segunda venida, estaremos listos para el juicio. Usan la declaración de Elena G. de de White: "Si estás bien con Dios hoy, estás listo si Jesús viniera hoy."[206] Ya que sabemos que hay ciertas cosas que deben suceder antes de que Jesús regrese en las nubes de gloria, ¿de qué manera vendría Jesús hoy por ti y por mí? Solo puede haber un camino, y es si morimos hoy.[207] Teniendo en cuenta la venida de Jesús en las nubes de gloria, yo preguntaría: ¿Hemos recibido aún la lluvia tardía perfeccionadora?[208] ¿Hemos pasado por las siete últimas plagas y el tiempo detribulación? ¿Reflejamos plenamente la imagen de Jesús, como dice que haremos el libro *El Conflicto de los Siglos* bajo la sexta plaga?[209] Hay una diferencia entre estar listo para morir en Cristo y estar listo para encontrarse con Él vivo en gloria cuando Él venga de nuevo. Hay eventos que nuestro Señor quiere que pasemos con éxito para

---

[206] *In Heavenly Places*, p. 227.

[207] *Adult Sabbath School Bible Study Guide*, 4.º trimestre de 2017, lección del jueves 21 de diciembre.

[208] *Testimonies for Ministers*, p. 508.

[209] *The Great Controversy*, p. 621.

que estemos listos para encontrarnos con Él en paz cuando Él venga. Esto no significa que nuestro Señor retrase su venida. Para nosotros, podría estar a sólo un latido del corazón de distancia.

Ahora, considere lo que se nos ha revelado acerca de reflejar plenamente la imagen de Jesús y de estar listos para encontrarnos con Él en paz en la Segunda Venida. Hace unos años, los líderes de la iglesia usaron las *Lecciones Objetivas de Cristo*, página 69, para "alentar" a los Adventistas del Séptimo Día a estar listos para Jesús cuando Él venga. La declaración dice: "Cuando el carácter de Jesús se reproduzca perfectamente en su pueblo, entonces Él vendrá y los reclamará como suyos". En mi ministerio, este "aliento" desanimaba a muchos de mi congregación. Ellos sabían y yo sabía que la reproducción perfecta no era una realidad en nuestras vidas. Todos estábamos demasiado conscientes de la pecaminosidad de nuestro ser. Luego hice una investigación de los escritos de Elena G. de White sobre cómo reflejar plenamente la imagen de Jesús. Encontré varias declaraciones en las que se usaba la frase. La siguiente declaración es crucial para nuestro entendimiento: "El arrepentimiento por el pecado es la primicia de la obra del Espíritu Santo en la vida. Es el *único proceso* por el cual la pureza infinita refleja la imagen de Cristo en sus súbditos redimidos (énfasis añadido)."[210] Lo que más me impresionó, sin embargo, fue una declaración que revela que incluso hasta la sexta plaga, después de que el período de prueba ha terminado, obviamente todavía no reflejamos la imagen de Jesús *completamente*. Se nos dice que el horno de fuego de las siete últimas plagas, especialmente la sexta plaga, es necesario para que nuestra "terrenalidad" "sea consumida, para que la imagen de Cristo se refleje perfectamente."[211] Parecería que incluso hasta la sexta plaga todavía hay más por hacer en nosotros para que podamos reflejar plenamente la imagen de Jesús. A través de todo esto, estamos en las manos de nuestro Salvador. En Él "somos más que vencedores por medio de Aquel que nos amó" (Rom. 8:37). Ciertamente, al comparar las

[210] Ms. 28, 1905.

[211] *The Great Controversy*, p. 621.

Lecciones Objetivas de Cristo, página 69, con *La Gran Controversia*, página 621, aprendemos que Jesús vendrá y nos llevará a casa en el cielo cuando reflejemos su imagen completamente.

Al contemplar la reproducción perfecta de la imagen de Jesús, es esencial que recordemos la parábola de Jesús sobre el crecimiento de la semilla: primero la brizna, luego la espiga y luego el maíz lleno en la mazorca. En cada etapa la planta es perfecta, perfecta en su formación, de acuerdo con su diseño previsto (Marcos 4:28, 29).[212] Así que puede estar con nosotros. A medida que crecemos en la gracia y el conocimiento de nuestro Señor Jesucristo (2 Pedro 3:18), ejemplificando las virtudes activas y pasivas de la vida cristiana, estamos reflejando el carácter de nuestro bendito Señor.[213]

En esa reflexión de su carácter, podemos ser perfectos porque nuestros pecados son perfectamente perdonados.[214] La perfección que Jesús nos está pidiendo en este momento es que seamos tan perfectamente para Él en esta vida como Él lo es para nosotros en el santuario celestial.[215] Además, podemos descansar en la promesa de Dios de que Él "ha hecho provisión para que podamos llegar a ser semejantes a Él, y Él cumplirá esto para todos los que no interpongan una voluntad perversa y así frustren su gracia."[216]

No puedo enfatizar con suficiente frecuencia lo importante que es para nosotros cooperar con nuestro maravilloso Juez y Sumo Sacerdote mientras Él ministra por nosotros en el santuario celestial. En el juicio, la cooperación necesaria es que seamos sensibles a la obra del Espíritu Santo en nuestras vidas a medida que Él nos revela nuestros pecados.

---

[212] *Christ's Object Lessons*, p. 65.

[213] "Las virtudes activas deben ser cultivadas tanto como las pasivas. El cristiano, mientras esté siempre listo para dar la respuesta suave que aparta la ira, debe poseer el coraje de un héroe para resistir el mal. Con la caridad que todo lo soporta, debe tener la fuerza de carácter que hará de su influencia un poder positivo para el bien. La fe debe ser forjada en su carácter. Sus principios deben ser firmes; debe ser de espíritu noble, por encima de toda sospecha de mezquindad" (*Colporteur Ministry*, p. 62).

[214] *Selected Messages*, vol. 2, p. 32.

[215] *Acts of the Apostles*, p. 566.

[216] *Amazing Grace*, p. 134.

Entonces, por el arrepentimiento y la confesión de nuestros pecados, aceptamos por fe la ministración de la justicia de Cristo por nosotros en el santuario celestial. Esta relación sincera con Cristo es el medio por el cual enviamos todos nuestros pecados de antemano al juicio para ser borrados de los libros de registros del cielo cuando los tiempos de refrigerio—la lluvia tardía perfeccionadora—vengan de la presencia de nuestro Señor y Salvador. Y, no sólo nuestros pecados son borrados en el cielo, sino que Jesús ha prometido "limpiarnos de toda injusticia" (1 Juan 1:9).

Cooperando con Jesús de Principio a Fin

La lluvia temprana y la tardía son metáforas utilizadas en las Escrituras para representar el derramamiento del Espíritu Santo, primero en Pentecostés (la lluvia temprana) y luego justo antes de que Jesús regrese (la lluvia tardía). Es por eso que hay un interés tan intenso en la obra del Espíritu Santo en la Iglesia Adventista del Séptimo Día en este momento. En la década de 1960 hubo muchas compilaciones de los escritos de Elena G. de White que describían los eventos de los últimos días. Algunas de estas compilaciones fueron elaboradas por líderes de la iglesia, pero muchas más fueron obra de miembros de la iglesia, que simplemente querían correr la voz de prepararse para los eventos finales de la historia de esta tierra. Varias de estas composiciones eran bastante elaboradas con extensas cartas. Casi todos ellos se basaban en el perfeccionismo conductual, la idea de que se requería perfección sin pecado para entrar en el juicio y recibir la lluvia tardía. Se hizo obvio que una comprensión correcta de estas cosas y nuestra relación con ellas es crucial si queremos cooperar con Cristo en esta obra final.

La fase final de la expiación y la lluvia tardía están estrechamente relacionadas. Hechos 3:19–21 está estabecido en un marco escatológico o del tiempo del fin. El pasaje habla del arrepentimiento, la conversión, la eliminación del pecado y la segunda venida de Jesús. Esta es la imagen del santuario, porque en el servicio del santuario de la antigüedad, los pecados eran eliminados, borrados, cuando el chivo expiatorio los llevaba simbólicamente al desierto (Lev. 16:21; Isaías 43:25; 44:22), borrando así su registro.[217]

En el Capítulo de La Gran Controversia titulado, "El Juicio Investigativo", hay muchos pensamientos preciosos que nos guiarán en la comprensión de la necesidad de tener un juicio antes de que los pecados sean finalmente borrados. Se nos dice: "Comenzando con aquellos que vivieron por primera vez en la tierra, nuestro Abogado presenta los casos de cada generación sucesiva, y cierra con los vivos."[218] También se nos dice: "La obra del juicio de investigación y la eliminación de los pecados debe llevarse a cabo antes del segundo advenimiento del Señor… Es imposible que los pecados de los hombres sean borrados hasta después del juicio en el que sus casos han de ser investigados. Pero el apóstol Pedro afirma claramente que los pecados de los creyentes serán borrados 'cuando los tiempos de refrigerio vengan de la presencia del Señor; y Él envíe a Jesucristo.' "[219]

Jesús es nuestro Defensor y nuestro Maravilloso Juez. Él presenta nuestros casos, no sólo ante el Padre, sino también ante el universo. Así como en el Día de la Expiación en el santuario de la antigüedad, el sumo sacerdote llevaba simbólicamente los nombres de Israel sobre su corazón hacia el Lugar Santísimo (Éxodo 28:30), así en el santuario celestial, en los últimos días, Cristo lleva nuestros nombres sobre su gran corazón de amor y sobre las palmas de sus manos (Isaías 49:16). El propósito de la expiación final es limpiarnos de nuestros pecados para que podamos ser uno con Jesús y para que podamos estar preparados para vivir a la vista de un Dios santo sin un mediador durante las siete últimas plagas.[220] En el tiempo del juicio de los vivos, el Nuevo Pacto encuentra su cumplimiento

---

[217] *Signs of the Times*, Mayo 16, 1895.
[218] *The Great Controversy*, p. 483.
[219] *The Great Controversy*, p. 485, citando de Hechos 3:19, 20, KJV.
[220] *Early Writings*, p. 71.

completo: "Porque seré misericordioso con su maldad, y con sus pecados y sus obras sin ley, y no las recordaré más" (Heb. 8:12).[221]

El Juicio de los Vivos como Ladrón en la Noche

Un verano me pidieron que fuera el orador en una reunión de campamento de laicos en Castor, Alberta. En la presentación que di, mencioné, basado en *La Gran Controversia*, página 490, que el juicio de los vivos viene a la iglesia de Dios como una experiencia de ladrón en la noche. También señalé que Apocalipsis 3:3–5, que se cita en este pasaje, está expresado en las imágenes del santuario en el Día de la Expiación. Habla del arrepentimiento, juicio y pecados borrados. Cristo nuestro Sumo Sacerdote confiesa ante el Padre y los santos ángeles los nombres de los que han vencido (Lucas 12:8, 9; Apocalipsis 3:5).

Al final de mi presentación, el presidente de la conferencia, que estaba presente, se acercó a mí y me preguntó cómo había llegado a la conclusión de que el juicio de los vivos vendría a la iglesia como un ladrón. Me volví hacia el pasaje y lo leímos juntos. "El juicio ahora está pasando en el santuario de arriba. Durante muchos años este trabajo ha estado en progreso. Pronto, nadie sabe qué tan pronto, pasará a los casos de los vivos. En este momento, por encima de todos los demás, corresponde a cada alma prestar atención a la advertencia del Salvador: ... 'Si, por lo tanto, no observas, vendré sobre ti como ladrón, y no sabrás a qué hora vendré sobre ti'. Apocalipsis 3:3."[222] "Bueno", dijo, "supongo que no se puede negar eso".

Sobre la base de este pasaje, parece claro que el juicio de los vivos es una experiencia de ladrón en la noche para la iglesia de Dios. Es en esta experiencia que tiene lugar la separación, cuando uno es tomado y el otro dejado (Lucas 17:34–36).[223] Un grupo recibe el sello de Dios, y el otro recibe la marca de la bestia. Entonces el tiempo de gracia se

---

[221] See also *Prophets and Kings*, p. 592.

[222] *The Great Controversy*, pp. 490, 491.

[223] *Testimonies for Ministers*, pp. 234, 235; Ver también Mateo 24:37–44.

cierra.[224] Cuando la gracia se cierra, y las siete últimas plagas comienzan a caer sobre la tierra, el pueblo de Dios, habiendo sido sellado en el juicio, será cubierto y protegido por la justicia imputada de Cristo (Isaías 26:20, 21).[225] Por lo tanto, estaremos capacitados para estar a la vista de un Dios santo sin un mediador.

El regreso de Cristo en las nubes de gloria no será como un ladrón para los salvos. Pablo dice: "Pero vosotros, hermanos, no estáis en tinieblas, para que este día os alcance como ladrón" (1 Tesalonicenses 5:4). Con un decreto de muerte que ha sido legislado y puesto en práctica alrededor del tiempo de la tercera plaga (Apocalipsis 13:15; 16:4–6), los salvos y los no salvos no estarán trabajando uno al lado del otro en el campo cuando Jesús regrese (Mateo 24:40, 41). Además, el pueblo de Dios sabrá que Cristo está a punto de llegar porque Dios mismo anunciará el día y la hora del regreso de Cristo.[226] Estos dos hechos por sí solos nos dicen que el regreso de Cristo en gloria no será como un ladrón para su pueblo.

No hace falta decir que un concepto equilibrado del juicio de los vivos necesita ser proclamado entre el pueblo de los últimos días de Dios. Estoy profundamente preocupado cada vez que la gente usa Juan 5:24 para predicar que no hay juicio para los creyentes. Por supuesto, este pasaje puede ser traducido, "no entrará en juicio". Sin embargo, tal interpretación contradice las declaraciones de Pablo en Romanos 14:10 y 2 Corintios 5:10, donde Pablo dice claramente que "nosotros", donde se incluye a sí mismo, todos apareceremos "ante el tribunal de Cristo". Y Pablo mismo estaba esperando el veredicto de Cristo diciendo: "Ha sido puesta para mí la corona de justicia, que el Señor, el Juez justo, me dará en aquel día" (2 Tim. 4:8).

Por lo tanto, Juan 5:24 se traduce mejor como está en la KJV y otras versiones: "no entrará en *condenación*" como resultado del juicio. Esta es

---

[224] *The Great Controversy*, pp. 490–491.

[225] "El Señor Jesucristo ha preparado una cubierta, el manto de su propia justicia, que se pondrá sobre toda alma arrepentida y creyente que por fe la reciba." Review and Herald, November 15, 1898 p. 2. (See also Early Writings p. 43.)

[226] *The Great Controversy*, p. 640.

una traducción válida que se ve en el hecho de que incluso la NVI, que traduce la palabra en Juan 5:24 como "ser juzgado", traduce la misma palabra como "ser condenado" en Santiago 5:12. *Un léxico griego-inglés del Nuevo Testamento* afirma que la palabra *krisis* a menudo significa un juicio que va en contra de una persona y, en tal caso, la palabra se traduce como "condenación" o "castigo".[227] Cuando Juan 5:24 declara que el creyente no entra en condenación y Romanos 14:10 y 2 Corintios 5:10 declaran claramente que "todos estaremos de pie/compareceremos ante el tribunal de Cristo", debemos seguir principios sólidos de traducción para no hacer que la Biblia se contradiga a sí misma. No es prudente traducir la Biblia para hacer que una porción contradiga a otra cuando el pasaje puede ser legítimamente traducido para estar en armonía con el resto de la Biblia.

Apostasía

Con respecto a la enseñanza bíblica de un juicio previo al advenimiento, que tiene lugar en el cielo, Dios nos ha informado que algunos se apartarán de esta doctrina fundamental de la Iglesia Adventista del Séptimo Día. Poco después de 1844, Dios reveló a Elena G. de White que esto sucedería. Una referencia de *Primeros Escritos*, citada en *Elena G. de G. White y sus Críticos* por F. D. Nichol, muestra que algunos que anteriormente creían en el mensaje del santuario lo abandonarían. Citaré extensamente la declaración de Elena G. de White para que se entienda la esencia de la escena que vio en visión.

> Vi un trono, y en él se sentaron el Padre y el Hijo … Vi al Padre levantarse del trono, … y en un carro en llamas entrar en el lugar santísimo detrás del velo, y sentarse. Entonces Jesús se levantó del trono, y la mayoría de los que estaban postrados se levantaron con Él… Los que se

[227] Bauer, Arndt, y Gingrich, *A Greek-English Lexicon of the New Testament* (1957), p. 453.

> levantaron con Jesús le enviaban su fe al lugar santísimo, y oraban: "Padre mío, danos tu Espíritu". Entonces Jesús sopló sobre ellos el Espíritu Santo. En ese aliento había luz, poder y mucho amor, alegría y paz.
>
> Me volví para mirar a la compañía que todavía estaba inclinada ante el trono; no sabían que Jesús lo había dejado. Satanás *parecía* estar junto al trono, tratando de llevar a cabo la obra de Dios. Los vi mirar hacia el trono y orar: "Padre, danos tu Espíritu". Satanás entonces sopló sobre ellos una influencia impía... El objetivo de Satanás era mantenerlos engañados y atraer a los hijos de Dios.[228]

Aquí es donde termina la cita en *Primeros Escritos*. Sin embargo, ese no es el final de lo que ella originalmente tenía que decir. F. D. Nichol, en su libro *Elena G. de G. White y sus Críticos*, explica que la última parte del párrafo fue editada porque se consideraba redundante. El párrafo original terminaba con la declaración: "Vi uno tras otro salir de la compañía que estaban orando a Jesús en el Santísimo, y unirse a los que estaban ante el trono, y de inmediato recibieron la influencia impía de Satanás."[229]

Es lamentable que la doctrina central de la Iglesia Adventista del Séptimo Día—la doctrina del santuario—haya sido rechazada por algunos y descuidada por otros. Sin embargo, actualmente nuestros líderes en las conferencias y divisiones están haciendo mucho para llevar esta doctrina maravillosamente tranquilizadora a la atención de nuestro pueblo.

Además de varias otras publicaciones, puedo hablar específicamente del cuarto trimestre de *las lecciones de Escuela Sabática* de 2013, y el segundo trimestre de *las lecciones de Escuela Sabática* de 2018. Aunque un número significativo de nuestros miembros no asisten a la Escuela Sabática, creo que esto tendrá su efecto y pondrá nuestra condición actual a la vanguardia.

---

[228] *Early Writings*, pp. 54–56, énfasis añadido. Esta representación no coloca a Satanás en el cielo.

[229] Francis D. Nichol, *Ellen G. White and Her Critics*, p. 624. Para la redacción original, ver *The Day-Star*, March 14, 1846, y "To the Little Flock Scattered Abroad," April 6, 1846.

Además, esta es la razón básica por la que estoy compartiendo este tema con ustedes en este pequeño libro, para que su confianza sea fuerte en la Palabra de Dios y en el don de profecía a través de Elena G. de White, y para que puedan tener la mayor esperanza cooperando con nuestro maravilloso Juez en el juicio de los vivos. Ahora estamos en el Día de la Expiación para los vivos, el día de la "unidad" con nuestro bendito Señor. Sabiendo que soy culpable pero que seré declarado inocente en el juicio, ¿no querría apresurarme al juicio al cooperar con mi maravilloso Juez enviando todos mis pecados de antemano al juicio para ser perdonado, para ser limpiado, para borrar mis pecados y ser sellado con el sello del Dios viviente por la eternidad? ¿nunca más dejar al Dios que amo?

Dios ha hecho de la Iglesia Adventista del Séptimo Día el depositario de su verdad para este tiempo, la verdad sobre el juicio previo al advenimiento y la eliminación del pecado.[230] Satanás lo sabe mejor que nosotros. Si fuera posible, arreglaría las cosas de tal manera que engañara a los mismos elegidos. Las mayores amenazas que enfrentamos en estos tiempos peligrosos no son el terrorismo y la guerra, sino los engaños en el mundo religioso que se parecen tanto al cristianismo del Nuevo Testamento.

---

[230] *Signs of the Times*, June 1, 1891; Letter 38, 1890, Feb. 21, 1890.

SECCIÓN V

CRISTO NUESTRA JUSTICIA EN TIEMPOS PELIGROSOS

Capítulo 12

¿Tiempos Peligrosos para Engañar a los Elegidos?

Podemos estar seguros de que los tiempos peligrosos no sólo nos esperan, sino que están aquí en el tiempo de la expiación final de Dios por los vivos. No sólo son muchos señores y muchos dioses, pero el rápido ritmo de vida que estamos viviendo ahora no deja espacio para la reflexión sobre las señales de los tiempos que se expresan a nuestro alrededor, que apuntan al pronto regreso de Jesús. Con respecto a nuestros días, el médico Lucas registra las palabras de Cristo: "Pero presten atención a ustedes mismos, para que sus corazones no se vean agobiados por la caridad, la embriaguez y las preocupaciones de esta vida, y ese Día venga sobre ustedes inesperadamente. Porque vendrá como una trampa sobre todos aquellos que habitan en la faz de toda la tierra. Por lo tanto, velad y orad siempre para que seáis considerados dignos de escapar de todas estas cosas que sucederán, y de estar delante del Hijo del Hombre" (Lucas 21:34–36). Si estamos observando, podemos descansar en la promesa de Dios: "Ciertamente el Señor DIOS no hace nada, a menos que revele su secreto a sus siervos los profetas" (Amós 3:7).

Un falso reavivamiento

Uno de los engaños más peligrosos en los últimos días de la historia de la tierra es que "falsos cristos y falsos profetas se levantarán y mostrarán grandes señales y maravillas para engañar, si es posible, incluso a los elegidos" (Mateo 24:24). Tanto la Biblia como el Espíritu de Profecía enfatizan las "señales y maravillas" como los fenómenos en los últimos días que Satanás empleará para engañar a los elegidos de Dios.

Con respecto a los esfuerzos de Satanás, Elena G. de White registró: "En aquellas iglesias que él puede poner bajo su poder engañoso, hará que parezca que la bendición especial de Dios es derramada; se manifestará lo que se piensa que es un gran interés religioso. Multitudes se regocijarán de que Dios está obrando maravillosamente para ellos, cuando la obra es la de otro espíritu. Bajo un disfraz religioso, Satanás buscará extender su influencia sobre el mundo cristiano."[231] Sin embargo, no tenemos ninguna duda de que Dios está a cargo y él tiene hijos honestos en todas las denominaciones.

No es para menospreciar a ninguna persona que busque seguir al Señor que presento este capítulo. Dios tiene sus hijos de corazón honesto en todas las persuasiones de fe. En los eventos finales que culminan la historia de la tierra, bajo la verdadera lluvia tardía del Espíritu Santo, aquellos que buscan la verdad escucharán y obedecerán con gusto la verdad presente para este tiempo (Apocalipsis 18:1–5; 14:6–12).

Avivamientos verdaderos y falsos se manifestarán en estos últimos días. Con respecto a la lluvia tardía, Elena G. de White dice: "Por miles de voces, en toda la tierra, se dará la advertencia. Se harán milagros, los enfermos serán sanados, y las señales y maravillas seguirán a los creyentes. Satanás también trabaja, con maravillas mentirosas, incluso bajando fuego del cielo a la vista de los hombres. Apocalipsis 13:13. Así, los habitantes de la tierra serán llevados a tomar su posición."[232] Aquellos que son parte del verdadero avivamiento dependen enteramente de la justicia de Cristo ministrada en su nombre en el santuario celestial. Los ministros de Satanás dependen de las manifestaciones espirituales para su aceptación con Dios. Ellos dirán en el juicio: "Señor, Señor, ¿no hemos profetizado

---

[231] *The Great Controversy*, p. 464.

[232] *The Great Controversy*, p. 612.

en tu nombre, echado fuera demonios en tu nombre, y hecho muchas maravillas en tu nombre?" (Mateo 7:22).

El Espíritu Santo es dado para que podamos entender estas cosas espirituales y discernir la verdad del error. Salomón escribió: "Derramaré mi Espíritu sobre ti; Os daré a conocer mis palabras" (Prov. 1:23).

El significado paralelo es claro, porque la difusión de las palabras de Dios es lo que sucedió en el día de Pentecostés. Cada uno escuchó el evangelio en su propio dialecto (Hechos 2:6). Esto volverá a suceder bajo la lluvia tardía. Sin embargo, Satanás trabaja para oponerse al verdadero derramamiento del Espíritu de Dios.

Apocalipsis 13:13 dice que el falso reavivamiento usará "grandes señales, para que incluso haga descender fuego del cielo sobre la tierra a la vista de los hombres". Juan el Bautista dijo que Jesús bautizaría a su pueblo con el "Espíritu Santo y fuego" (Mateo 3:11). Esto sucedió el día de Pentecostés. Pero Apocalipsis 13:13 habla de un movimiento espiritual de los últimos días que debe ser un engaño abrumador.

El contraste entre los reavivamientos verdaderos y falsos será reconocido sólo a través de la Palabra de Dios. Al mirar hacia nuestro tiempo, Elena G. de White escribió: "Esta Palabra debe ser nuestra defensa cuando Satanás trabaja con tales maravillas mentirosas que si fuera posible engañaría a los mismos elegidos. Es entonces cuando aquellos que no han defendido firmemente la verdad, se unirán con los incrédulos que aman y hacen mentira. Cuando se realicen estas maravillas, cuando los enfermos sean sanados y se forjen otras maravillas, serán engañados."[233]

Además, Satanás "viene como un ángel de luz y extiende su influencia sobre la tierra por medio de falsas reformas. Las iglesias están eufóricas, y consideran que Dios está obrando maravillosamente para ellas, cuando es la obra de otro espíritu."[234] En el mismo pasaje, Elena G. de White continuó diciendo de Satanás: "Antes de que se dé el fuerte clamor del tercer ángel, él levanta una emoción en estos cuerpos religiosos, para que

---

[233] *Educational Messenger*, Sept. 11, 1908.

[234] *Early Writings*, p. 260; ver también 2 Corintios 11:14.

aquellos que han rechazado la verdad puedan pensar que Dios está con ellos. Él espera engañar a los honestos ... Pero la luz brillará, y todos los que sean honestos ... tomarán su posición con el remanente."[235] De hecho, incluso ahora hay señales y maravillas destinadas a engañar a los elegidos de Dios. Durante la expiación final, "estas obras de sanación aparente pondrán a prueba a los Adventistas del Séptimo Día."[236]

En la década de 1960, las "lenguas" y los "dones del Espíritu" cruzaron todas las barreras denominacionales.

Este fenómeno "pentecostal" provocó el movimiento carismático y se convirtió en la mayor fuerza en el movimiento ecuménico.[237] A partir de ese momento, se ha transformado en lo que ahora se denomina "la Tercera Fuerza,"[238] y este nuevo ecumenismo, a través del "bautismo del Espíritu", esconsiderado la obra de la lluvia tardía.[239] Éste afirma ser el evangelio completo, el cristianismo del Nuevo Testamento, y llama a la abstinencia del tabaco, el alcohol, las drogas y, hasta hace poco, de la asistencia a los cines.[240] Estos tiempos peligrosos tienen el poder de engañar porque el fenómeno se ve y actúa como "Nuevo Testamento". Sin embargo, hay buenas noticias porque, si la falsificación está aquí, la verdad no puede quedarse atrás. Note este consejo: "Es el objetivo de Satanás ahora levantar nuevas teorías para desviar la mente de la verdadera obra y el mensaje genuino para este tiempo. Él agita las mentes para dar una falsa interpretación de las Escrituras, *un grito espurio y fuerte*, de que el mensaje real puede no tener su efecto cuando llegue. *Esta es una de las*

[235] *Early Writings*, p. 261; ver también *The Great Controversy*, pp. 588, 589. El "fuerte pregón" es un término que se usa para resumir la obra del poderoso ángel de Apocalipsis 18:1–5. Este mensaje repite los mensajes de Apocalipsis 14:6–12 cuando llega el momento de que se den en oposición a la marca de la bestia en Apocalipsis 13.

[236] *Selected Messages*, vol. 2, p. 53.

[237] "Key 73: No Violation," *Christianity Today*, Marzo 16, 1973.

[238] Paul A. Pomerville, *The Third Force in Missions: A Pentecostal Contribution to Contemporary Mission Theology* (2016).

[239] Una clara exposición del espiritismo moderno, el movimiento carismático y la unión triple se da en el libro de Norman Gulley *Christ is Coming!*, Capítulos 10, 11, y 42.

[240] Vinson Synan, *Charismatic Bridges*, pp. 8–14.

mayores evidencias de que el fuerte clamor pronto será escuchado y la tierra será iluminada con la gloria de Dios."[241]

Probando los espíritus

El método moderno de interpretación bíblica utilizado por los dispensacionalistas preparó el camino para un triple movimiento ecuménico. Aunque las formas de dispensacionalismo han sido referenciadas en varios escritos de iglesias antiguas, sus raíces teológicas modernas se encuentran en el Concilio de Trento (1545–1563). A través del trabajo del sacerdote jesuita, Francisco Ribera (1537–1591), se planteó la idea de que el anticristo aparecería en el último remanente del tiempo de la historia de esta tierra.[242] Esta interpretación del anticristo tenía la intención de repeler la afirmación de los protestantes de que el papado era el anticristo. Se dice que Lutero dijo: "Sé que el papa es el anticristo, y que su trono es el de Satanás mismo."[243]

A lo largo de los años, la teoría de Ribera evolucionó a través de John Nelson Darby, los Hermanos de Plymouth y la Biblia de Scofield en el dispensasionalismo actual con su creencia en el rapto secreto. Escuchamos mucho sobre el punto de vista futurista de la septuagésima semana de Daniel 9, que aboga por el rapto secreto, la tribulación y el anticristo que aparecerá durante la septuagésima semana supuestamente después del rapto secreto. Esto ha eliminado eficazmente el estigma del anticristo de la iglesia Católica Romana, que los reformadores declararon francamente que la iglesia era.[244] El camino está ahora abierto para que los protestantes acepten el catolicismo romano tanto en los puntos comunes

[241] *Selected Messages*, libro 3, p. 410, emphasis added.

[242] LeRoy Froom, *Prophetic Faith of Our Fathers*, vol. 2, pp. 495–502; ver también Capítulos 21–23 in particular. Ver también "Francisco Ribera," disponible en http://1ref.us/rr, accedido 2/27/2019.

[243] J. H. Merle D'Augbigne, D. D., *History of the Reformation of the Sixteenth Century*, Book 6, chap. 9.

[244] *The Great Controversy*, pp. 86, 87, 139–142.

de la doctrina como en una experiencia espiritual común. "Los papistas, que se jactan de los milagros como un cierto signo de la verdadera iglesia, serán fácilmente engañados por este poder que hace maravillas; y los protestantes, habiendo desechado el escudo de la verdad, también serán engañados."[245] Hace cien años, se nos dijo que el poder maravilloso del espiritismo engañaría al protestantismo y que, juntos, se darían la mano con el romanismo.[246] Los investigadores que han observado este fenómeno lo caracterizan como moviéndose con "velocidad impresionante" o "velocidad notable."[247] Elena G. de White escribió sobre lo que ella previó: "Las agencias del mal están combinando sus fuerzas y consolidándose. Se están fortaleciendo para la última gran crisis. Pronto se producirán grandes cambios en nuestro mundo, y los movimientos finales serán rápidos."[248] Es impresionante vivir en el tiempo del cumplimiento de la profecía. Animo a todos a mirar las referencias dadas aquí.

La tercera fuerza

Cuando pastoreaba en Terranova, Canadá, en la década de los 70, conocí varios ministros pentecostales. Nuestra iglesia quería encontrar un lugar de reunión para una compañía de creyentes Adventistas del Séptimo Día en Stephenville. La única iglesia que parecía estar disponible era la iglesia Pentecostal. Tuve una conversación amistosa con el pastor de la iglesia sobre el uso de sus instalaciones y, cuando me fui, me entregó un libro, *Ellos Hablan con Otras Lenguas*. El autor, John L. Sherrill, escritor de la revista *Hitos*, enumeró las tres corrientes de la cristiandad. Comenzó: "Para cuando el Dr. Van Dusen terminó de digerir la información que había reunido en su viaje, estaba hablando de 'un tercer y poderoso brazo de la cristiandad', levantado audazmente junto a las ramas católica

[245] *The Great Controversy*, p. 588.
[246] *The Great Controversy*, p. 588.
[247] Mark A. Noll y Carolyn Nystrom, *Is The Reformation Over?*, pp. 69, 76.
[248] *Testimonies for the Church*, vol. 9, p. 11.

y protestante. Y en el centro de esta tercera fuerza estaba el avivamiento pentecostal... *El obispo Leslie Newbigin* en su libro, *La Casa de Dios*, enumeró tres corrientes principales de vida dentro de la Iglesia Cristiana. La Primera es Catóica, la segunda es Protestante y a tercera es Pentecostal."[249]

Leer estas palabras me hizo pensar. Los Adventistas del Séptimo Día han creído durante mucho tiempo que, al final de los tiempos, habría una triple unión en oposición a Dios.[250] Tradicionalmente hemos descrito estas tres entidades en esta triple unión como "catolicismo", "protestantismo apóstata" y "espiritismo". Los espiritualistas afirman comunicarse con los muertos. El fenómeno del espiritismo, al que se hace referencia en Isaías 8:19, también incluía una manifestación de "lenguas" ininteligibles. Leemos: "Y cuando te dicen: 'Busca a los que son médiums y magos, que susurran y murmuran', ¿no debería un pueblo buscar a su Dios? ¿Deberían buscar a los muertos en nombre de los vivos?" Nótese que el médium habló en un discurso ininteligible. Por lo tanto, vemos que hay más en el espiritismo que simplemente comunicarse con los muertos. Las manifestaciones de lenguas también estuvieron involucradas.

No es prudente pensar que Satanás usará sólo una forma de espiritismo en el tiempo del fin. Elena G. de White enumera varias formas de espiritismo: llamados misteriosos,[251] ciencia cristiana,[252] el movimiento de Emmanuel,[253] frenología y magnetismo animal,[254] formas modernizadas de paganismo antiguo,[255] presentado en formas agradables para imitar el verdadero cristianismo,[256] religiones orientales,[257] renacimiento de la

[249] John L. Sherrill, *They Speak with Other Tongues* (1968), pp. 28, 65.

[250] Apocalipsis 16:13, 14.

[251] *Early Writings*, pp. 86–92.

[252] *Evangelism*, p. 606.

[253] *Evangelism*, p. 606; see also "The Emmanuel Movement," *The Review and Herald*, vol. 86, nos. 9, 10, 11 (Washington, D.C., 1909); Ellen G. White Research Center, file DF 2170, Andrews University, Berrien Springs, Michigan.

[254] *Selected Messages*, vol. 2, p. 352.

[255] *The Desire of Ages*, p. 258.

[256] *Evangelism*, p. 606; *The Great Controversy*, p. 588.

[257] *Evangelism*, p. 606.

adoración demoníaca,[258] teosofía,[259] el movimiento de la carne santa en la iglesia Adventista,[260] y panteísmo.[261] El Espiritismo no sólo trata con los muertos, sino también con los falsos conceptos de Dios y el Espíritu Santo.[262]

A medida que yo perseguía este tema en mis estudios a lo largo de los años, me di cuenta de que el "fuego del cielo" de Apocalipsis 13:13 podría estar refiriéndose a la falsificación del verdadero bautismo del Espíritu Santo, que Juan el Bautista mencionó en Mateo 3:11. Este moderno fenómeno del "bautismo en el espíritu"[263] parece ser a lo que Elena G. de White se refería como las "formas más agradables de espiritismo" que profesarían fe en la Biblia.[264] Hay mucho que se puede decir sobre las formas más agradables de espiritismo.[265] El apóstol Pablo escribió: "Ahora bien, el Espíritu dice expresamente que en los últimos tiempos algunos se apartarán de la fe, prestando atención a los espíritus engañadores y a las doctrinas de los demonios" (1 Tim. 4:1).

Considere el siguiente pensamiento de la pluma de Elena G. de White: "La creencia en las manifestaciones espirituales abre la puerta a seducir a los espíritus y doctrinas de los demonios, y así la influencia de los ángeles malignos se sentirá en las iglesias."[266] Note que ella dijo "iglesias" y no sólo "iglesia". En 1956, el pentecostalismo se abrió camino en las iglesias protestantes como el movimiento carismático.[267] Luego, en 1967, el fenómeno carismático cruzó a la Iglesia Católica en la Universidad de

---

[258] *Patriarchs and Prophets*, p. 686.

[259] *Prophets and Kings*, p. 210.

[260] *Evangelism*, p. 594; *Selected Messages*, vol. 2, pp. 31, 36.

[261] *Testimonies for the Church*, vol. 8, p. 291.

[262] *Evangelism*, p. 601.

[263] También conocido como el "bautismo de fuego". Ver Michael Harper, *The Baptism of Fire* (1970).

[264] *Evangelism*, p. 606; ver también *The Great Controversy*, p. 588.

[265] Allan Freed, *What's All the Confusion about Tongues?* File DF311, Research Center, James White Library, Andrews University, Berrien Springs, MI.

[266] *The Great Controversy*, p. 603.

[267] McCandlish Phillips, "And there appeared to them tongues of fire," *Saturday Evening Post*, May 16, 1964.

Duquesne y en la Universidad de Notre Dame en South Bend, Indiana.[268] Killian McDonnell declaró: "Dentro del catolicismo, el pentecostalismo se ha encontrado con una resistencia considerablemente menor que dentro de las iglesias protestantes históricas, en parte porque el concepto de lo 'maravilloso' está más como en casa en el catolicismo que en el protestantismo convencional."[269] Kevin y Dorothy Ranaghan dijeron sobre el relato de David Wilkerson sobre el bautismo del Espíritu: "Era una doctrina muy antigua, era una doctrina muy tradicional, era una doctrina muy católica."[270]

Una vez más, me impresionó lo que leí en el libro *La Gran Controversia*, (*El Conflicto de los Siglos*) página 588, "Y como los espíritus profesarán fe en la Biblia, y manifestarán respeto por las instituciones de la iglesia, su obra será aceptada como una manifetación del poder divino... Los papistas, que se jactan de los milagros como un cierto signo de la verdadera iglesia, serán fácilmente engañados por este poder que hace maravillas". En 1980, el movimiento Palabra de Fe surgió dentro del movimiento carismático.[271] Sus predicadores "con frecuencia reclaman el conocimiento de la revelación que trae 'correctivos' a las confesiones negativas de Pablo. Afirman que Pablo no tenía el verdadero mensaje de fe."[272]

Es esclarecedor también que Elena G. de White escribiera que, "para tomar el lugar de la palabra de Dios", Satanás "ofrece manifestaciones espirituales. Aquí hay un canal totalmente bajo su control; por este medio puede hacer que el mundo crea lo que él quiera."[273]

---

[268] Kilian McDonnell, O.S.B., *Catholic Pentecostalism: Problems in Evaluation* (1971), p. 3; Kevin and Dorothy Ranaghan, *Catholic Pentecostals* (1969).

[269] Kilian McDonnell, O.S.B., *Catholic Pentecostalism: Problems in Evaluation* (1971), p. 31.

[270] Kevin and Dorothy Ranaghan, *Catholic Pentecostals* (1969), pp. 9, 10.

[271] Robert M. Bowman, Jr., "Word-Faith Movement," disponible en http://1ref.us/rs, accedido 2/27/2019.

[272] Charles Farah, "American Pentecostals: What They Believe," *Christianity Today*, Oct. 16, 1987, p. 23; James R. Goff, Jr., "The Faith that Claims," *Christianity Today*, Feb. 19, 1990, p. 20.

[273] *Darkness before Dawn*, p. 21.

La historia de Elías en el monte Carmelo y la profecía de Juan el Bautista hablan de "fuego" como una demostración del poder de Dios. Sin embargo, en el tiempo del fin habrá un fuego falso del cielo (Apocalipsis 13:13, 14).[274] Es sorprendente la frecuencia con la que el bautismo del Espíritu se conoce en los círculos carismáticos como el "bautismo de fuego". Esa frase ha encontrado su camino en literatura y títulos de libros. Este fuego falso unirá a la cristiandad en una triple unión. "Y vi tres espíritus impuros como ranas saliendo de la boca del dragón, de la boca de la bestia y de la boca del falso profeta. Porque son espíritus de demonios, realizando señales, que salen a los reyes de la tierra y del mundo entero, para reunirlos en la batalla de ese gran día del Dios Todopoderoso" (Apocalipsis 16:13, 14). Los editores de la revista *Estos Tiempos* vieron estos versículos como un "recuerdo, mostrando cómo Babilonia [es decir, la triple unión del dragón, la bestia y el falso profeta] aseguró su poder antes de la sexta plaga" y que habría un "gran avivamiento espiritualista" que uniría a la cristiandad en los puntos de doctrina que tienen en común.[275] Estas palabras ahora se cumplen ante nuestros propios ojos.[276]

Una Clara indicación del Juicio de los Vivos

A medida que esta triple unión se está formando, el juicio continuará, porque el juicio está implícito en Apocalipsis 16:15, donde se menciona entre paréntesis con la formación de la triple unión. Dice: "He aquí, vengo como ladrón, bendito el que vigila y guarda sus vestiduras." (Apocalipsis 16:15). Elena G. de White entendió claramente que el paso del juicio en el cielo, de los muertos a los vivos, sucedería como un ladrón en la noche. "El juicio ahora está pasando en el santuario de arriba ... Pronto, nadie

[274] *The Great Controversy*, p. 612.

[275] "The Amazing Prophecies of Daniel and Revelation," *These Times*, Special Issue (1983), p. 51; Ver también *The Great Controversy*, p. 445.

[276] Dateline: "Lutherans, Catholics, Methodists, Reformed, and Anglicans 'drawn into deeper communion'," *Ministry*, December 2017, p. 4.

sabe qué tan pronto, pasará a los casos de los vivos. En este momento, por encima de todos los demás, corresponde a cada alma prestar atención a la advertencia del Salvador: ... "Si, por lo tanto, no vigilas, vendré sobre ti como ladrón, y no sabrás a qué hora vendré sobre ti". Apocalipsis 3:3."[277] La triple unión se habrá formado justo antes del cierre de gracia, e insertada en la formación de esta unión está la experiencia del ladrón en la noche, la expiación final por los vivos comúnmente llamada el juicio de los vivos.[278]

Otra Indicación

Y todavía hay otro fenómeno que será evidente justo antes del cierre de la gracia que indicará la cercanía del final. Comenzaré con una obertura hecha por el movimiento carismático. En 1971, alguien me envió la revista Voz de Full Gospel Businessmen's Fellow ship International. Se me dio a mí y a otros pastores adventistas con el expreso propósito de llevar el movimiento carismático a la Iglesia Adventista del Séptimo Día.[279] Ahora que estoy en este lado de las cosas, puedo ver cómo ha estado funcionando. La música ha jugado un papel importante en su misión. Lo que apela a las emociones ha sido el foco principal. La música de alabanza y el levantamiento de manos en la adoración se originaron en las iglesias modernas de hoy a través de la influencia del movimiento carismático con la justificación del libro de los Salmos.

Esta música comenzó con el movimiento de Jesús (la parte juvenil del movimiento carismático) al que los artistas de rock and roll, especialmente Larry Norman, fuera convertido.[280] Larry Norman es conocido como el

[277] *The Great Controversy*, pp. 490, 491.

[278] *The Great Controversy*, pp. 490, 491; Rev. 16:13–16; *The Great Controversy*, p. 588.

[279] Ver también Roland R. Hegstad, *As the Spirit Speaks* (1973), p. 13ff.

[280] Larry David Norman (1947–2008) fue un músico, cantante, compositor, propietario de un sello discográfico y productor discográfico estadounidense. Se le considera uno de los pioneros de la música rock cristiana, lanzando más de 100 álbumes. (Wikipedia, diciembre de 2017). Para una

padre del gospel rock. Popularizó el sentimiento: "¿Por qué el Diablo debería tener toda la buena música?" El gospel rock se mueve fácilmente con la música secular en las listas de éxitos pop, así como en las iglesias.[281] Con muchas canciones de adoración contemporáneas, hay poca diferencia entre los sonidos musicales sagrados y seculares. Muchas de las letras pueden alabar y ensalzar a Dios o pueden describir la vida contemporánea. Las canciones que atraviesan las listas de éxitos pop pueden aplicarse fácilmente a uno mismo, a un novio o una novia, al Espíritu Santo o a Dios. El doble significado de gran parte de ella puede adaptarse al gusto de casi cualquier persona. En consecuencia, los servicios de alabanza como éstos han entrado virtualmente en e cada denominación con ritmos e instrumentos del género pop.[282]

> *"Si la música que escuchamos nos afecta de tal manera que "no podemos decir lo que" nosotros "anteriormente sabíamos acerca de los principios bíblicos," entonces podremos decir Se que no es de Dios."*

Debemos discernir y saber que la "excitación religiosa no es favorable al crecimiento en la gracia, a la verdadera pureza y santificación del espíritu".[283]

No me corresponde a mí juzgar lo que constituye una música de adoración aceptable. Una cosa que sé, sin embargo, es que, si me confunde para que no pueda discernir si está presentando una verdad bíblica clara, entonces estoy pisando un terreno peligroso.[284]

Si la música que escuchamos nos afecta de tal manera que "no podemos decir lo que" nosotros "anteriormente sabíamos acerca de los principios bíblicos", entonces podremos decir Se que no es de Dios.[285] Este es un asunto serio, y debemos

exposición más reciente del mundo de los medios ver "Media on the Brain—Mini Seminar," disponible en http://1ref.us/rt, accedido 2/27/2019.

[281] Es decir, el grupo musical "Skillet", etc.

[282] "Contemporary Christian music," disponible en http://1ref.us/ru, accedido 2/27/2019.

[283] *Selected Messages*, vol. 2, p. 35.

[284] *Last Day Events*, p. 159.

[285] *Selected Messages*, vol. 2, p. 37.

ser honestos con nosotros mismos. El apóstol Juan escribió: "No améis al mundo ni a las cosas del mundo. Si alguno ama al mundo, el amor del Padre no está en él" (1 Juan 2:15). Entonces, ¿cuál es la respuesta? "Con la ayuda divina debemos formar nuestras opiniones para nosotros mismos como debemos responder por nosotros mismos ante Dios."[286]

En este momento puedes estar diciendo: "¡Y qué!" Aunque el tema de la música puede no parecer importante para usted, estoy llamando la atención hacia ella debido a los comentarios que Elena G. de White hizo con respecto a la música en una reunión de campamento de Indiana, en algún momento alrededor de 1900. Ella identificó la música en ato volumen como una "locura de ruido" que "conmociona los sentidos y pervierte, lo que si se conduce bien podría ser una bendición". Luego pasó a hacer una predicción: "Los poderes de las agencias satánicas se mezclan con el estruendo y el ruido, para tener un carnaval, y esto se denomina la obra del Espíritu Santo ... Aquellas cosas que habían estado en el pasado estarán en el futuro. Satanás hará de la música una trampa por la forma en que se conduce."[287] Como guía de lo que sería apropiado, se da el siguiente consejo: "La obra de Dios siempre está caracterizada por la calma y la dignidad."[288]

Elena G. de White vio, sin embargo (y este es el punto principal), que este tipo de música sería popular en las iglesias justo antes del cierre de la gracia.[289] ¿Qué ocurre justo antes del cierre de la gracia? Es el juicio de los vivos. El juicio de aquellos que murieron profesando fe en Cristo comenzó en 1844, y, en el curso natural de las cosas, terminará cuando el juicio pase a aquellos que están vivos y profesan fe en el nombre de nuestro Salvador. Todas estas cosas que he mencionado aquí me dicen que ahora estamos en el juicio de los vivos, el proceso de la reunión final con Jesús. Esto no es más que el comienzo de lo que culminará en la legislación destinada a obligar a las personas en todas partes a adorar a la bestia y su imagen como se describe en Apocalipsis 13.[290]

---

[286] *The Great Controversy*, p. 598.

[287] *Selected Messages*, vol. 2, pp. 36, 38.

[288] *Selected Messages*, vol. 2, p. 42.

[289] *Selected Messages*, vol. 2, pp. 35–38; see also Paul Hamel, *Ellen White and Music* (1976), pp. 42–48.

[290] Apocalipsis 13:12, 15; ver tambiénApocalipsis 14:9, 11.

Más sobre la Triple Unión

Ahora pasemos a algo más reciente: el Papa Francisco llamando a los carismáticos a unirse con Roma.[291] Tony Palmer de la iglesia episcopal/anglicana se convirtió en el emisario del Vaticano para facilitar esta unión.[292] Dado que casi todos los protestantes en Estados Unidos y en otros lugares han adoptado la teoría de las siete semanas de la interpretación bíblica, el papado ya no es visto como el anticristo como los reformadores lo vieron.[293]

Incluso en la década de 1970, en la Asociación Ministerial en la ciudad donde pastoreé, un pastor evangélico luterano dijo: "Soy protestante, pero no estoy protestando". En consecuencia, no fue una sorpresa que en 1999 los luteranos y los católicos firmaran un documento que Tony Palmer dijo que puso fin a la Reforma Protestante.[294] Al hablar ante una conferencia de 1.500 pastores carismáticos, Palmer dijo: "Hermanos y hermanas, la protesta de Lutero ha terminado. ¿Ha terminado lasuya?"[295] Luego agregó: "Si no hay más protesta, ¿cómo puede haber una iglesia protestante? ... La protesta ha terminado". Luego invocó a Juan capítulo 17 para apoyar la opinión de que las iglesias están cumpliendo la oración de Cristo por la unidad. En la renovación carismática, el énfasis no está sólo en los dones del Espíritu, sino abrumadoramente en la "presencia de Jesús". Palmer dijo que la gloria de Dios es el principio unificador: "Es la gloria la que nos une, no las doctrinas... Dios ordenará todas nuestras

---

[291] Pope Francis, "Pope Francis Sends Video Message to Kenneth Copeland—Lets Unite," disponible en http://1ref.us/km, accedido 2/27/2019.

[292] Los ángeles obviamente están reteniendo los cuatro vientos de contienda (Apoc. 7:1–3). Tony Palmer murió como resultado de un accidente de motocicleta el 20 de julio de 2014.

[293] *The Great Controversy*, pp. 139, 141. La teoría de la semana 70 coloca una brecha de cientos de años entre la semana sesenta y nueve y setenta de Daniel 9, y identifica al "ungido" como un falso mesías.

[294] Para una discusión de este documento, ver Clifford Goldstein, *The Great Compromise* (2001), chaps. 1 and 2. This book is also an excellent explanation of justification by faith.

[295] Tony Palmer, "Pope Francis Sends Video Message to Kenneth Copeland – Lets Unite," disponible en http://1ref.us/km, accedido 2/27/2019.

doctrinas cuando subamos las escaleras", es decir, cuando lleguemos al cielo.[296]

El obispo Tony Palmer hizo referencia al mensaje de Elías (Mal. 4:5–6), concerniente a la vuelta de los corazones de los padres a los hijos y de los hijos a los padres, para describir lo que él creía que estaba cumpliendo a medida que las iglesias protestantes regresaban a Roma y la iglesia romana les daba la bienvenida de nuevo. El Papa Francisco dijo: "Las lágrimas nos unirán". Dios "completará este milagro de unidad". Palmer se regocijó en el hecho de que el Papa Francisco es carismático. Al final de esta sesión de la conferencia, Kenneth Copeland elogió tanto al Papa como a Tony Palmer por su trabajo en el Señor. Luego, en respuesta a la petición de oración del Papa, Copeland oró por él. Copeland estaba extasiado y dijo que no podemos simplemente orar en lenguaje humano. Entonces, toda la conferencia de 1,500 asistentes estalló en oración en "lenguas". Al final de la oración, Copeland le dijo al Papa, "Gracias Señor. ¡Te bendecimos! Recibimos tu bendición. Es muy, muy importante para nosotros."[297] Es evidente que se está formando una unión triple extraordinaria de una manera que no anticipamos.

"Es evidente que se está formando una unión triple extraordinaria de una manera que no anticipamos."

Como hemos señalado, incrustado en esta triple unión está el proceso de la experiencia del ladrón en la noche: el juicio de los vivos, o, como se puede llamar, la *reunión final* de Jesús con su pueblo.[298] Involucrado en este juicio está el alejamiento del pecado de nuestras vidas y la eliminación del registro del pecado en el santuario celestial para el

[296] Tony Palmer, "Pope Francis Sends Video Message to Kenneth Copeland – Lets Unite," disponible en http://1ref.us/km, accessed 2/27/2019.

[297] Kenneth Copeland, "Pope Francis Sends Video Message to Kenneth Copeland – Lets Unite," disponible en http://1ref.us/km, accessed 2/27/2019.

[298] Apocalipsis 16:13–15; 3:3; Mateo 24:37–43; *Testimonies for Ministers*, pp. 234, 235; *The Great Controversy*, pp. 490, 491.

pueblo de Dios.[299] Nuestra parte es "limpiarnos de toda inmundicia de la carne y del espíritu, perfeccionando la santidad en el temor de Dios" (2 Corintios 7:1). Hacemos esto reclamando la promesa de 1 Juan 1:9, y, por arrepentimiento y fe, enviando todos nuestros pecados "de antemano al juicio" donde "puedan ser borrados, para que los tiempos de refrigerio puedan venir de la presencia del Señor."[300]

---

[299] *The Great Controversy*, p. 620.

[300] 1 Timoteo 5:24, KJV; Hechos 3:19; *The Great Controversy*, pp. 483–485.

Capítulo 13

Una Evaluación de la Verdadera y Falsa lluvia Tardía

La experiencia del ladrón en la noche, la venida del Consolador como la lluvia tardía, el juicio de los vivos y la eliminación del pecado están muy relacionados. Jesús dijo: "Las palabras que os hablo son espíritu, y son vida" (Juan 6:63). Proverbios 1:23 dice: "Derramaré mi espíritu sobre ti; Te daré a conocer mis palabras". En el día del Pentecostés, todos los que estaban reunidos para escuchar la predicación de los apóstoles escucharon las palabras de salvación habladas en sus propios idiomas (Hechos 2:11). Más tarde, en respuesta a su oración, el Espíritu Santo vino sobre ellos "y hablaron la palabra de Dios con audacia" (Hechos 4:31). El Espíritu Santo está siempre aliado no sólo con vivir la vida cristiana, sino con la proclamación de la palabra de Dios. La lluvia tardía no es un momento de elevada emoción; es difundir las buenas nuevas de la Palabra de Dios en todo el mundo con tal claridad que todos los que estén dispuestos llegarán a un conocimiento de la verdad de Dios para este tiempo.[301] "Porque la tierra estará llena del conocimiento de Jehová como las aguas cubren el mar" (Isaías 11:9).

Otra Valoración del Espiritismo

"Pero", alguien puede preguntar, "¿qué pasa con la 'lengua desconocida' en 1 Corintios 12–14?" Para responder a esta pregunta, primero debemos

[301] Letter 11b, 1892, July 17, 1892, to S. N. Haskell.

reconocer que la palabra "desconocida" no está en el original, es agregada. En la versión King James, las palabras añadidas están en cursiva. Segundo, en esta epístola, Pablo está tratando de traer una manifestación de una falsa experiencia de lenguas bajo el control del verdadero don de lenguas. Note que comienza este pasaje haciendo referencia a "ídolos tontos". Él escribió: "Ahora bien, en cuanto a los dones espirituales, hermanos, no quiero que seáis ignorantes: sabéis que sois gentiles, llevados a estos ídolos tontos." (1 Corintios 12:1, 2). Los "ídolos tontos" son ídolos que no pueden hablar. Él se está refiriendo claramente a su experiencia en la adoración de ídolos antes de que se convirtieran en cristianos. Ellos eran llevados a lo largo del frenesí de la adoración de ídolos, adoración que incluía algarabías desconocidas.[302] Pablo, en armonía con su procedimiento habitual, define los verdaderos dones primero, en el Capítulo 12, antes de tratar el problema del falso don en el Capítulo 14.

"Lenguas" o "lenguaje" en este pasaje es glōssa. La frase en el griego de 1 Corintios 12:10 y 28 es *genē glōssōn. Glōssōn* significa "lenguas" o idiomas, lo mismo que en Apocalipsis 14:6, donde *glōssan* se traduce como "lengua". *Genē* describe *glōssōn* y se traduce como "especie". Sin embargo, la forma raíz de *genē* es *genos*, que significa "descendencia", "familia", "raza", "nación", "clase" o "especie". Usado como está en este pasaje, significaría "familiar", "racial", "nacional" o "afín". El *glōssōn* que Pablo está describiendo son los idiomas nacionales, que es el verdadero don de las "lenguas". Por lo tanto, el verdadero don de lenguas son las lenguas reales y la traducción de esas lenguas reales (1 Corintios 12:10; Hechos 2:4, 11). Las Escrituras y Elena G. de White están totalmente de acuerdo en que la "lengua desconocida" es desconocida porque no sólo es desconocida para el hombre, sino también para Dios.[303]

Una vez más, usted puede preguntar: "Cuando una persona habla en una lengua desconocida, ¿no dijo Pablo que está hablando a Dios?" En el idioma original de 1 Corintios 12–14, dondequiera que se mencione al

---

[302] Gerhard Kittel, ed., *Theological Dictionary of the New Testament*, vol. 1, traducido y editado porGeoffrey W. Bromiley (1964), p. 723.

[303] 1 Corintios 14:9; *Testimonies for the Church*, vol. 1, p. 412.

Dios verdadero, es con el artículo definido, que literalmente se traduciría como "el Dios" o alguna otra designación que apunta a la especificidad. 1 Corintios 14:2 es el único caso en todo este pasaje, del Capítulo 12 al 14, que usa la palabra "dios" sin el artículo definitivo. Usado de esta manera, generalmente significa una deidad o "un dios" en un sentido más genérico. Así es como los paganos se referirían a la deidad.[304]

He concluído, después de un estudio detallado de este pasaje de las Escrituras, que en Corinto se manifestaron tanto un fenómeno verdadero de lenguas, como un fenómeno falso.[305] Las razones por las que he llegado a esta conclusión son: (1) Pablo testifica del verdadero don de lenguas en 1 Corintios 1:5 y 6, "Que fuiste enriquecido en todo por Él en toda expresión [discurso] y todo conocimiento, así como el testimonio de Cristo [el espíritu de profecía, Apocalipsis 19:10] fue confirmado en ti". (2) Algunos de los creyentes en Corinto habían escrito a Pablo para aclarar varias controversias, por ejemplo, la inmoralidad sexual (1 Corintios 5:1), el matrimonio (1 Corintios 7:1), los alimentos ofrecidos a los ídolos (1 Corintios 8:1), el servicio de comunión (1 Corintios 11:17, 18), y lenguas (1 Corintios 12:1–14). "En Corinto... la glosolalia es una expresión de éxtasis ininteligible. ... Se pueden encontrar paralelos para este fenómeno en varias formas y en varios períodos y lugares de la historia religiosa."[306]

Se nos ha dicho: "A menudo sucede que la verdad más preciosa parece estar cerca del lado de los errores fatales."[307] Debe recordarse que dondequiera que Dios esté obrando, Satanás trata de traer una falsificación para distraernos de la bendición y la apreciación de la verdad. Satanás empleó el fenómeno espiritual de las lenguas durante siglos antes de la época de la iglesia en Corinto, y lo ha empleado en épocas posteriores, incluso

---

[304] Para explicación del Corintios 14:2, see H. E. Dana, Th.D., Julian R. Mantey, Th.D., D.D., *A Manual Grammar of the Greek New Testament* (1962), pp. 139, 140.

[305] Fernyo Chaij, The Impending Drama, Capítulo 84; concerning false tongues, which was a carry-over from pagan religions, ver Gerhard Kittel, ed., Theological Dictionary of the New Testament, vol. 1, p. 722.

[306] Gerhard Kittel, ed., *Theological Dictionary of the New Testament*, vol. 1, p. 722.

[307] Ms. 100, 1893; *The Great Controversy*, pp. 186, 464, 528.

dentro del Islam.[308] Sin lugar a dudas, se puede ver una forma incomprensible de espiritismo en Isaías 8:19.

Seguir al Espíritu correcto es una parte crucial del juicio de los vivos, nuestro encuentro final con Cristo. También es una parte muy importante de la experiencia de la lluvia tardía. El juicio de los vivos, la eliminación del pecado y lo refrigerio, que es la lluvia tardía perfeccionadora del Espíritu Santo, están todos interrelacionados.[309] El apóstol Pedro dice: "El tiempo señalado del juicio [está] por comenzar desde la casa de Dios; ahora, primero desde nosotros, lo que [será] el fin de los que están desobedeciendo el evangelio de Dios" (1 Pedro 4:17, traducción del autor). Este texto me dice que el juicio tiene un punto de partida desde el cual procede. Comienza con el pueblo de Dios. (Véase también la representación del juicio en Ezequiel 9.) El juicio, o expiación final, es el proceso de nuestro Dios misericordioso que pone a su pueblo en plena armonía con los grandes principios de su santa ley, que es el fundamento de su carácter y gobierno. El punto de partida es con aquellos que han profesado creer en la gracia salvadora de Dios. De este grupo procede a través de cada generación y termina con la erradicación final del pecado y los pecadores.

"Satanás empleó el fenómeno espiritual de las lenguas durante siglos antes de la época de la iglesia en Corinto."

Durante los tiempos del antiguo Israel, los pecados eran borrados al ser removidos del santuario *y* del pueblo en el Día de la Expiación (Lev. 16). Era un momento de juicio porque todos los que no cooperaban por confesión y arrepentimiento en enviar sus pecados de antemano al santuario recibían el juicio para ser "cortados" (Lev. 23:24–29).[310] Hay una serie de cosas acerca del anti típico Día de la Expiación en el que estamos viviendo ahora que requieren nuestra atención. Primero, es evidente

---

[308] Norman Gulley, *Christ is Coming!* (1998), p. 143.

[309] *The Great Controversy*, pp. 483, 485.

[310] Pröbstle, p. 62, especialmente la nota 1; ver también 1 Timoteo 5:24, KJV.

tanto en las Escrituras como en el Espíritu de Profecía, que los pecados serán borrados de los registros en el santuario celestial con la correspondiente remoción de esos pecados de la conciencia del creyente. Pablo dice: "¿Cuánto más la sangre de Cristo, que por medio del Espíritu eterno se ofreció sin mancha a Dios, limpiará su conciencia de las obras muertas para servir al Dios vivo?" (Heb. 9:14; véase también 10:1, 2). Elena G. de White recoge estas imágenes del santuario, aplicándolas al tiempo de tribulación después de que el tiempo de gracia haya terminado.

Describiendo a aquellos cuyos pecados han sido borrados en el juicio, ella dice: "Pero, aunque tienen un profundo sentido de su indignidad, no tienen errores ocultos que revelar. Sus pecados han ido de antemano al juicio y han sido borrados, y no pueden traerlos a la memoria."[311] En el juicio, hay una conexión entre la lluvia tardía, la eliminación del pecado, la limpieza del santuario celestial y la limpieza de la conciencia. El apóstol Pedro dice: "Arrepentíos y convertíos para que vuestros pecados sean borrados cuando los tiempos de refrigerio vengan de la presencia del Señor". Los "tiempos de refrigerio" también se conocen como el tiempo en que la "lluvia tardía" será derramada sobre aquellos que se han preparado para ella (Hech. 3:19).[312]

Además, Elena G. de White escribió: "Es imposible que los pecados de los hombres sean borrados hasta después del juicio en el que sus casos deben ser investigados."[313] Esto es lo mismo que en el servicio típico. En el Día de la Expiación, los israelitas debían enviar sus pecados al juicio por confesión y arrepentimiento. Luego, sus pecados eran borrados a través de la sangre de la cabra del Señor y colocados en la cabeza del chivo expiatorio. El chivo expiatorio era llevado al desierto para nunca más entrar en el campamento de Israel (Lev. 16). Es fácil ver la estrecha conexión de estos tres acontecimientos: el juicio de los vivos como el Día de la Expiación para los vivos, el refrigerio de la lluvia tardía y la eliminación del pecado.

---

[311] *The Great Controversy*, p. 620.

[312] *Early Writings*, p. 71; *The Great Controversy*, p. 611.

[313] *The Great Controversy*, p. 485.

Lo que estimuló mi interés en este tema fue la afirmación de Elena G. de White de que, si estamos esperando que la lluvia tardía nos cambie o que la legislación del domingo nos despierte, estamos cometiendo un terrible error. "Muchos en gran medida no han recibido la lluvia anterior. No han obtenido todos los beneficios que Dios ha provisto para ellos. Esperan que la lluvia tardía supla la carencia. Cuando se otorgue la más rica abundancia de gracia, ellos intentarán abrir sus corazones para recibirla. *Están cometiendo un terrible error.*"[314]

El error del que ella habla sería no haber sido diligente en enviar nuestros pecados "de antemano al juicio" por confesión y arrepentimiento para que *puedan* ser borrados cuando llegue la lluvia tardía. Ella podría estar cayendo por todas partes, pero no lo reconoceríamos porque no hemos cooperado con Cristo ni lo hemos seguido por fe en su obra mediadora para nosotros en el santuario celestial.[315] Ciertamente, este es un llamado para que prestemos atención a la amonestación de Pablo: "Examinaos a vosotros mismos en cuanto a si estáis en la fe" (2 Corintios 13:5). ¡Qué triste será para aquellos que han descuidado la preparación necesaria para recibir el derramamiento final del Espíritu Santo!

El Propósito de la Lluvia Tardía

La siguiente pregunta que viene a la mente es: ¿Cuál *es* el propósito de la lluvia tardía y cómo me preparo para ella? En las Escrituras, la metáfora de la lluvia simboliza las lluvias del Espíritu Santo sobre la iglesia. Dado que la lluvia tardía madura el cultivo, es lógico que solo pueda madurar el grano que ya se ha producido. La lluvia temprana germina la semilla y produce una planta perfecta en cada etapa de su crecimiento.[316] Ciertamente, no esperamos que la pequeña planta que acaba de brotar a través de la corteza de la tierra esté madura. Sin embargo, es un pequeño

[314] *Testimonies for Ministers*, p. 507, *énfasis añadido.*

[315] *Testimonies for Ministers*, p. 507; *The Great Controversy*, p. 430.

[316] *Christ's Object Lessons*, p. 82.

brote perfecto. Esta es una metáfora adecuada para la perfección cristiana. Nuestro crecimiento en Cristo puede ser perfecto en cada etapa. De hecho, Elena G. de White declaró que podemos ser perfectos porque nuestros pecados son perfectamente perdonados.[317] Y, una vez más, Cristo quiere que seamos tan perfectamente para Él en este mundo como Él es perfectamente para nosotros en el santuario celestial.[318] Es decir, Él quiere que seamos perfectamente para Cristo en cada etapa de la existencia en nuestro caminar cristiano de la vida. Este tipo de perfección puede marcar cada etapa: "primero la brizna, luego la cabeza, después el grano completo en la cabeza" (Marcos 4:28). Esto es lo que la lluvia tardía lleva a cabo.

Entonces, es la lluvia tardía la que madura el grano que ya se ha producido en el carácter del cristiano bajo la lluvia temprana del Espíritu Santo. Nuestro caminar diario con Cristo es la santificación, que también puede describirse como el desarrollo del carácter cristiano. A menudo pensamos en el carácter como una conducta externa y esperamos que la modificación del comportamiento produzca un carácter noble. Pero, el carácter viene desde dentro. Es una *cualidad del alma* revelada en la conducta.[319] Elena G. de White dijo con perspicacia: "Los pensamientos y los sentimientos combinados forman el carácter moral".[320] Podemos modificar nuestro comportamiento externo, pero eso no es desarrollo del carácter. Los fariseos hicieron lo mismo. Dios quiere que permanezcamos en Cristo y permitamos que su amor habite en nuestros corazones. Entonces "nuestros sentimientos, nuestros pensamientos, nuestras acciones, estarán en armonía con la voluntad de Dios. El corazón santificado está en armonía con los preceptos de la ley de Dios".[321] "A medida que buscamos a Dios por el Espíritu Santo", mediante la justicia de Cristo mediada por nosotros en el santuario celestial, "trabajará en nosotros la mansedumbre, la humildad

---

[317] *Selected Messages*, vol. 2, p. 32.
[318] *Acts of the Apostles*, p. 566.
[319] *Child Guidance*, p. 161.
[320] *In Heavenly Places*, p. 164.
[321] *Acts of the Apostles*, p. 563.

de la mente, una dependencia consciente de Dios por la perfeccionante lluvia tardía."[322] Observe que la lluvia temprana ya ha hecho su obra, y es la lluvia tardía la que perfecciona nuestro crecimiento en Cristo.

En un sentido espiritual, la lluvia tardía sólo puede borrar los pecados de los que se han arrepentido y de los cuales el registro ha sido cubierto por la sangre y la justicia de Cristo. Si acaricio el pecado en mi vida y me niego a renunciar a lo que el Espíritu Santo me convence y no dejo que Jesús me limpie de toda maldad (1 Juan 1:7–9), pereceré con mi pecado. El pecado no puede ser llevado al cielo (Gálatas 5:21; 1 Corintios 6:9, 10; 15:50). Hay que tratarlo aquí en esta vida. Nunca debo olvidar que el pecado se borra en el servicio anti típico del santuario, no cuando Cristo regrese (Heb. 9:28).[323]

"Nunca debo olvidar que el pecado se borra en el servicio anti típico del santuario, no cuando Cristo regrese."

La cultura cristiana de hoy tiene que ver con la cruz, y es cierto que la cruz es el centro alrededor de la cual se agrupan todas las demás verdades, incluido el ministerio sacerdotal de Cristo para nosotros en el santuario celestial (Rom. 8:34).[324] Sin embargo, si nos alejamos de la obra que nuestro maravilloso Juez y Sumo Sacerdote está haciendo por nosotros en el santuario celestial y no cooperamos con Él por medio del arrepentimiento y la fe en enviar todos nuestros pecados de antemano al juicio para ser cubiertos con su sangre, y si no permitimos que Él nos limpie de toda maldad, en efecto, hemos pisoteado el sacrificio de la cruz, la sangre del Hijo de Dios, bajo los pies (Heb. 6:6; 10:29). Debemos aceptar el evangelio completo de nuestro Señor y Salvador Jesucristo, y eso incluye su ministerio sacerdotal para nosotros en el santuario celestial.

---

[322] *The Faith I Live By*, p. 334.

[323] See also the *Amplified Bible*, *Common English Bible*, and NET versions.

[324] *Evangelism*, p. 190.

Cuando llegue la lluvia tardía, también dará poder para testificar, y dará audacia al proclamar la verdad tal como es en Jesús (Hechos 4:31). Tal audacia es sin temor a las consecuencias. Con una "voz fuerte", aquellos que hayan recibido la lluvia tardía proclamarán que Babilonia ha caído y está llena de todo espíritu maligno (Apocalipsis 18:1–5). Revelarán plenamente los engaños de la triple unión y la obra de la falsa lluvia tardía. Como se indicó anteriormente, con referencia a Proverbios 1:23, la obra de la lluvia tardía será hacer que la Palabra de Dios sea tan clara que todos los que la escuchen serán llevados a una decisión a favor o en contra de la verdad de su santa ley, como se manifiesta en Cristo nuestra justicia.[325] Esta verdad será proclamada en todo el mundo. Aquellos que decidan por la verdad de Dios serán sellados con el sello del Dios viviente.[326]

A medida que hemos crecido en la "gracia y el conocimiento de nuestro Señor y Salvador", nos instalamos en la "verdad tal como es en Jesús". Creciendo para reflejar la imagen de Jesús en lo que pensamos, amamos y hacemos, alcanzaremos madurez emocional de acuerdo con 1 Corintios 13 y nuestra vida se encontrará en armonía con su santa ley (Santiago 2:12; 1:25; Romanos 13:8–10). Es el Espíritu Santo el que escribe y sella la ley de Dios en nuestros corazones (2 Corintios 3:3; Isaías 8:16).[327] Con la santa ley de Dios sellada en nuestros corazones, el resultado final es que nuestros pecados son borrados, para nunca más ser recordados (Isaías 43:25). La experiencia del Nuevo Pacto de tener la santa ley de Dios escrita en nuestros corazones es una obra progresiva, que tiene su resultado completo en el juicio final cuando se haya cumplido la promesa de Dios del Nuevo Pacto: "Seré misericordioso con su injusticia, y sus pecados y sus obras sin ley no recordaré más" (Heb. 8:12).

La parte interesante de todo esto es que no somos conscientes de que el juicio está teniendo lugar. Nuestro enfoque no ha estado en nosotros mismos, sino en Cristo y su justicia en nuestro nombre en el santuario celestial. Cuanto más nos acercamos a Jesús, más pecaminosos nos vemos

---

[325] *Testimonies for the Church*, vol. 6, p. 19.

[326] *The Great Controversy*, p. 605.

[327] *The Great Controversy*, p. 452.

a nosotros mismos.[328] Después de que se cierra la gracia, no podremos traer ningún pecado específico a la memoria, a pesar de que tenemos una conciencia tan horrible de la pecaminosidad del pecado. Durante las siete últimas plagas, "si el pueblo de Dios tuviera pecados no confesados para aparecer ante ellos... no podrían tener confianza para suplicar a Dios por liberación. Pero si bien tienen un profundo sentido de su indignidad, no tienen errores ocultos que revelar. Sus pecados han ido de antemano al juicio y han sido borrados, y no pueden traerlos a la memoria."[329] Sus conciencias han sido purgadas del recuerdo del pecado por medio de la sangre de Cristo durante la expiación final en el santuario celestial (Heb. 9:9–14; 10:1, 2). Para ellos, la lluvia tardía ha sido la "lluvia tardía perfeccionadora."[330] Ha preparado a la iglesia para permanecer de pie durante la hora difícil de las siete últimas plagas que han de caer sobre la tierra y vivir a los ojos de un Dios santo sin un mediador.[331]

El propósito de esta hora difícil para el pueblo de Dios es llevar la expiación a término. La imagen de Jesús está perfectamente reflejada en nosotros para que Él venga y nos lleve a casa para estar con Él en el cielo. A pesar de que hemos reflejado la imagen de Jesús a medida que hemos crecido en las gracias de la vida cristiana, primero la brizna, luego la espiga, y luego el maíz lleno en la mazorca, sin embargo, es sólo bajo la sexta plaga, después de que la gracia se ha cerrado, que reflejaremos plenamente la imagen de Jesús. Pasamos por la hora difícil de las siete últimas plagas porque nuestra "terrenalidad" necesita ser "consumida", para que la imagen de Cristo se refleje perfectamente.[332] Entonces, cuando Cristo vea su imagen moral—su carácter—perfectamente reproducida en nosotros, Él vendrá a llevarnos a casa, al cielo.[333] La justicia imputada de

---

[328] *Steps to Christ*, p. 64.

[329] *The Great Controversy, p. 620; sería bueno meditar en todo el Capítulo y saber por uno mismo lo que significa que "los pecados van antes que el juicio."*

[330] *Review and Herald*, March 2, 1897.

[331] *The Great Controversy*, pp. 613, 614.

[332] *The Great Controversy*, p. 621.

[333] *Christ's Object Lessons*, p. 69.

Cristo, en la que estamos sellados, se ha convertido en nuestra justicia impartida.

Hay mucho más que se podría decir acerca del derramamiento del Espíritu Santo en la lluvia tardía. Nuestra denominación, en los últimos años, ha hecho un esfuerzo concertado para que los miembros oren por el derramamiento del Espíritu Santo en el poder de la lluvia tardía. El librito *El Verdadero Reavivamiento: La Mayor Necesidad de la Iglesia* es uno de los mejores libros que he leído para llamarnos al avivamiento y la preparación para la lluvia tardía, especialmente el primer capítulo.[334] ¿No es hora de que honremos el llamado de este pequeño libro y llevemos su mensaje a nuestras propias vidas para que cada uno de nosotros pueda estar listo para los eventos finales de la historia de esta tierra?

He dado en esta sección los puntos esenciales con respecto al juicio de los vivos, la actitud final de los que viven con Cristo nuestro redentor. De hecho, esta es la reconciliación final de los pecadores redimidos con un Dios santo. Sin embargo, una cosa permanece. "Porque nuestra ciudadanía está en el cielo, del cual también esperamos ansiosamente al Salvador, el Señor Jesucristo, que transformará nuestro cuerpo humilde para que se conforme a su cuerpo glorioso, de acuerdo con la obra por la cual Él es capaz incluso de someter todas las cosas a sí mismo" (Fil. 3:20, 21).

> ¡Oh, a la gracia cuán grande deudor
> me veo obligado a ser diariamente!
> Deja que tu bondad, como una cadena,
> me ate aún más a ti.
> Propenso a vagar, Señor, lo siento,
> Propenso a dejar al Dios que amo;
> Aquí está mi corazón, oh, tómalo y séllalo;
> Séllalo para tus atrios arriba.[335]

[334] Ellen G. White, *True Revival: The Church's Greatest Need* (2010).

[335] Robert Robinson, "Come Thou Fount of Every Blessing," *Seventh-day Adventist Hymnal* (1985), hymn no. 334.

SECCIÓN VI

CRISTO NUESTRA JUSTICIA POR TODA LA ETERNIDAD

Capítulo 14

Listos para el Cielo

Muchas señales del regreso de Cristo se están cumpliendo a nuestro alrededor. Como he mostrado en los capítulos anteriores, hay algunas señales en las que no solemos pensar. Que la triple unión se haya formado es una indicación de que estamos en la expiación final de los vivos. El cambio de estilo en la música religiosa es un cumplimiento de lo que Elena G. de White vio que sucedería justo antes del final del tiempo de gracia. Ahora las palabras de Jesús se están cumpliendo rápidamente también: "Y este evangelio del reino será predicado en todo el mundo como testimonio a todas las naciones, y entonces vendrá el fin" (Mateo 24:14). Nunca el mundo ha sido cubierto con las buenas nuevas de salvación como lo es ahora. La iglesia adventista tiene muchos medios para proclamar a Cristo al mundo. Hope Channel y sus subsidiarias, canales 3ABN, Amazing Facts, canales de la Universidad de Loma Linda, Radio Mundial Adventista, entre otros, están pasando por las ondas como los tres ángeles volando en medio del cielo. Además, al mismo tiempo que la actividad misionera regular de la iglesia, programas como Adventist Frontier Missions y Advocates for Southeast Asians and the Persecuted están llegando a grupos de personas remotas. Los programas de Internet en YouTube, podcasts, iPhones y otras formas de redes sociales tienen una latitud insondable. Hoy se está dando el llamado: "Todas las cosas están listas. Venid a la boda" (Mateo 22:4). Porque Dios "terminará la obra y la acortará en justicia" (Rom. 9:28).

Antes del Regreso de Cristo

Dios está a cargo de nuestra salvación. Todo lo que Él nos pide es que cooperemos con Él. Adán y Eva no cooperaron, y cayeron de la gracia. Una y otra vez los israelitas no cooperaron con Él, tanto durante como después de que Dios los sacó de Egipto. Como resultado, toda una generación pereció en su viaje por el desierto. Vemos, a lo largo de las Escrituras, ejemplos de aquellos que han cooperado y de aquellos que no han cooperado con nuestro Salvador. En todos los casos, la lucha ha sido con la naturaleza humana egoísta. De hecho, la mayor batalla que tenemos que librar es la batalla con uno mismo. Nuestra inclinación natural es a la no cooperación. Continuamente buscamos justificarnos, al igual que el abogado en Lucas 10:29. Pero Jesús dice: "Sin mí no podéis hacer nada" (Juan 15:5). Nuestra única esperanza de salvación está en Cristo nuestra justicia intercediendo por nosotros en el santuario celestial y el Espíritu Santo obrando en y a través de nosotros.[336] Cuando miramos a Jesús, el Espíritu Santo nos guiará a casa.

No hay falta por parte de Dios. Jesús dijo: "Toda autoridad me ha sido dada en el cielo y en la tierra" (Mateo 28:18). El Espíritu Santo es el representante de Cristo en la tierra, y Él nos es dado para que podamos vencer toda tendencia al mal, heredada y cultivada.[337] Jesús dio su vida por la iglesia "para que la santifique y limpie con el lavado de agua por la palabra, que Él pueda presentarla a sí mismo, una iglesia gloriosa, sin mancha ni arruga ni nada por el estilo, sino para que sea santa y sin mancha" (Efesios 5:26, 27).

Entonces, ¿cómo cooperamos con Dios para estar listos para el regreso de Cristo? Una cosa está clara: Dios quiere que "busquemos la paz con todas las personas, y la santidad, sin la cual nadie verá al Señor" (Heb. 12:14). Más aún, la oración de Pablo era que "todo nuestro espíritu,

---

[336] *Steps to Christ*, p. 63.
[337] *The Desire of Ages*, pp. 669, 671.

alma y cuerpo sean preservados sin mancha en la venida de nuestro Señor Jesucristo" (1 Tesalonicenses 5:23).

En este pequeño volumen he tratado de exponer el propósito y el plan de Dios para nuestra redención de la ruina que el pecado ha hecho. Jesús oró para que estuviéramos con Él en gloria. "Padre, deseo que también ellos, quienes me diste, estén conmigo donde yo estoy, para que contemplen gloria que tú me has dado" (Juan 17:24). Dios nos dio a Jesús. Jesús dio su vida, y Él da el Espíritu Santo a todos los que aceptan el plan de Dios para su salvación. Los santos ángeles son dados como "espíritus ministradores enviados para ministrar por los que heredarán la salvación" (Heb. 1:14). Todo el cielo está involucrado en la restauración de todas las cosas. Es el llamado de Dios a que cooperemos con todo el cielo para que podamos estar con Él en gloria. Él nos creó. Él nos redimió. Él quiere que lo conozcamos como nuestro Padre celestial personal y amoroso, primero en el cielo y luego en la tierra hecha nueva.

"El pecado debe ser tratado en esta vida; no puede ser llevado al cielo."

Entonces, una vez más, ¿cómo cooperamos con nuestro bendito Señor para que podamos estar listos para su regreso? Primero, venimos a Jesús tal como somos a través del estudio de la Palabra de Dios (2 Tim. 2:15), porque en ella se revela el plan de Dios para nosotros. Entonces, respondemos al Espíritu Santo a través de la Palabra, y el Espíritu nos guía a Cristo que está ministrando su justicia por nosotros en el santuario celestial. El Espíritu Santo nos convence de pecado y nos señala a Jesús como nuestro Salvador. Confesamos nuestros pecados, y el Espíritu Santo nos limpia de todo pecado. A través del "arrepentimiento hacia Dios y la fe hacia nuestro Señor Jesucristo" (Hechos 20:21) enviamos todos nuestros pecados de antemano al juicio para que Jesús mismo pueda borrarlos de los registros del cielo y de cualquier recuerdo por el bien de su propio nombre, sellándonos por la eternidad con el sello del Dios viviente, que es la lluvia tardía perfeccionadora del Espíritu. El pecado debe ser tratado en esta vida; no puede ser llevado al cielo (1 Corintios 6:9, 10; Gálatas 5:21). Debemos dejar que el Espíritu Santo santifique nuestros pensamientos y sentimientos, que constituyen el carácter moral que tomamos de esta vida a la siguiente.[338]

El propósito de salvación es restaurar en nosotros el carácter de Adán antes de su caída. Cristo vino a hacer por nosotros lo que nosotros no podíamos hacer por nosotros mismos. Desarrolló un carácter santo. No sólo su vida justa nos cubre, sino que, a través del Espíritu Santo, Él nos imparte su carácter para que estemos en armonía con el cielo cuando Él regrese.

Si el corazón es justo, la vida será justa. Cubiertos con la justicia de Cristo, tenemos su carácter y vestimos la túnica de su justicia impartida, que impregna nuestro propio ser con el Espíritu Santo. "Por la vestimenta de bodas en la parábola [véase Mateo 22:2–14] se representa el carácter puro e inmaculado que poseerán los verdaderos seguidores de Cristo. A la iglesia se le da "que debe estar vestida con lino fino, limpio y blanco", "sin mancha, ni arruga, ni nada por el estilo". [Efesios 5:27.] … El lino fino, dice la Escritura, "es la justicia de [los] santos". [Apocalipsis 19:8.] … Es la justicia de Cristo, su propio carácter intachable, que a través de la fe se imparte a todos los que lo reciben como su Salvador personal."[339] Dios ha predestinado a aquellos que se han rendido a Cristo como su Salvador "para que se conformen a la imagen de su Hijo, para que Él sea el primogénito entre muchos hermanos" (Rom. 8:29).

"Cristo en su humanidad forjó un carácter perfecto, y este carácter se ofrece a impartirnos" por el Espíritu Santo. "Cuando nos sometemos a Cristo", a través del Espíritu Santo obrando en nuestras vidas, "el corazón está unido con su corazón, la voluntad se fusiona en su voluntad, la mente se vuelve una con su mente, los pensamientos son llevados cautivos a Él; vivimos su vida. Esto es lo que significa estar vestido con el manto de su justicia. Entonces, cuando el Señor nos mira, Él ve, no la prenda de hoja de parra, no la desnudez y deformidad del pecado, sino su propia túnica de justicia, que es la perfecta obediencia a la ley de Jehová."[340]

---

[338] *Christ's Object Lessons*, p. 332.
[339] *Christ's Object Lessons*, p. 310.
[340] *Christ's Object Lessons*, p. 311.

A través de la justicia de Cristo, tanto imputada como impartida, somos transformados a su imagen y preparados para la eternidad con Él.

"Todos seremos Transformados"

Hay dos cambios traídos a la vista en las Escrituras. El primero es el cambio de nuestro carácter moral. Al reconocer que la "gloria" del Señor es su "carácter" (véase Éxodo 33:18, 19), considere las palabras de Pablo: "Pero todos nosotros, con el rostro descubierto, contemplando como en un espejo la gloria del Señor, estamos siendo transformados en la misma imagen de gloria en gloria, así como por el Espíritu del Señor" (2 Corintios 3:18). Ya hemos discutido este cambio. El segundo cambio es al regreso de nuestro Señor. El apóstol Juan dice: "¡He aquí qué clase de amor nos ha dado el Padre, para que seamos llamados hijos de Dios! Por lo tanto, el mundo no nos conoce, porque no lo conocen a Él. Amados, ahora somos hijos de Dios; y aún no se ha revelado lo que seremos, pero sabemos que cuando Él sea revelado, seremos como Él, porque lo veremos como Él es. Y todo el que tiene esta esperanza en Él se purifica a sí mismo, así como Él es puro" (1 Juan 3:1–3).

Cuando Pablo comparó las glorias de este mundo con la bendita esperanza, exclamó:

> Pero las cosas que eran ganancia para mí, estas las he contado como pérdica por amor de Cristo. Sin embargo, también cuento todas las cosas perdidas por la excelencia del conocimiento de Cristo Jesús mi Señor, por quien he sufrido la pérdida de todas las cosas, y las cuento como basura, para que pueda ganar a Cristo y ser encontrado en Él, no teniendo mi propia justicia, que es de la ley, sino la que es a través de la fe en Cristo, la justicia que es de Dios por fe; para que pueda conocerlo a Él y el poder de su resurrección, y la comunión de sus sufrimientos,

> conformándome a su muerte, si, por cualquier medio, puedo alcanzar la resurrección de entre los muertos. (Filipenses 3:7–11)

Y, pensando en la victoria cuando Jesús regrese, Pablo escribió: Ahora esto digo, hermanos, que la carne y la sangre no pueden heredar el reino de Dios; tampoco la corrupción hereda la incorrupción. He aquí, les digo un misterio: no todos dormiremos, pero todos seremos cambiados, en un momento, en un abrir y cerrar de ojos, en la última trompeta. Porque sonará la trompeta, y los muertos resucitarán incorruptibles, y seremos cambiados. Porque esto corruptible debe vestirse de incorrupción, y esto mortal debe vestirse de inmortalidad. Así que cuando esto corruptible se haya vestido de incorrupción, y esto mortal se haya vestido de inmortalidad, entonces se cumplirá el dicho que está escrito: "La muerte es tragada en la victoria". "Oh Muerte, ¿dónde está tu aguijón? Oh, Hades [tumba], ¿dónde está tu victoria?" El aguijón de la muerte es pecado, y la fuerza del pecado es la ley. Pero gracias sean dadas a Dios, quien nos da la victoria a través de nuestro Señor Jesucristo (1 Corintios 15:50–57).

Capítulo 15

En la Eternidad con Nuestro Bendito Señor

Desde que el pecado entró en el mundo, la salvación de la humanidad ha estado en las manos de Cristo.[341] Ahora, con el redimido a salvo en la eternidad, Él ve la tribulación de su alma y está satisfecho (Isaías 53:11). Este es el gozo que se puso delante de Él, que le dio poder para soportar "la cruz, despreciando la vergüenza" (Heb. 12:2).

El amor que todo el cielo tiene por nosotros los seres humanos caídos está más allá de nuestra comprensión. Sólo por la iluminación del Espíritu Santo podemos comenzar a entender el amor de Dios (Rom. 5:5), y, aún así, entendemos imperfectamente que el amor, como dice Pablo, "el amor de Cristo… excede a todo conocimiento" (Efesios 3:19). Sin embargo, en la eternidad, sabremos para siempre que es el amor de Dios el que nos redimió para que podamos vivir para siempre con Él. Siempre reconoceremos que nuestra vida eterna es y sólo puede ser debido a "la justicia de Cristo imputada a nosotros, y en la obrada", o impartida, "por su Espíritu obrando en y a través de nosotros."[342]

Nuestra Herencia Eterna

El profeta Isaías describió la venida de nuestro Señor en gloria. Escribió: "Él destruirá a la muerte para siempre, y el Señor DIOS enjugará las

[341] *Review and Herald*, April 29, 1875.
[342] *Steps to Christ*, p. 63.

lágrimas de todos los rostros; la represión de su pueblo quitará de toda la tierra; porque el Señor ha hablado. Y se dirá en ese día: 'He aquí, este es nuestro Dios; lo hemos esperado, y Él nos salvará. Este es el Señor; lo hemos esperado; nos alegraremos y nos regocijaremos en su salvación'" (Isaías 25:8, 9). Esta ha sido la "bendita esperanza" de épocas pasadas. En la eternidad, será la realidad.

El apóstol Pedro señaló a sus lectores hacia nuestra herencia eterna reservada en el cielo. Es una herencia que nunca se desvanecerá (1 Pedro 1:4), porque somos "coherederos con Cristo, si es que realmente sufrimos con Él, para que también seamos glorificados juntos" (Rom. 8:17). Elena G. de White nos dice: "Párate en el umbral de la eternidad y escucha la graciosa bienvenida dada a aquellos que en esta vida han *cooperado* con Cristo... Con los ángeles", lanzamos nuestras "coronas a los pies del Redentor, exclamando: 'Digno es el Cordero que fue inmolado para recibir poder, y riquezas, y fuerza, y honor, y gloria, y bendición... Honor, y gloria, y poder sean para El que se sienta en el trono, y para el Cordero por los siglos de los siglos'" (Apocalipsis 5:12, 13, RVA, cursiva agregada).[343] De la hueste redimida brotan las palabras: "No por las obras de justicia que hemos hecho, sino según su misericordia, Él nos salvó" (Tito 3:5).

El deseo de Dios desde la Caída ha sido que toda su creación experimente el gozo de una eternidad sin pecado con Él. Jesús vino para que pudiéramos tener su gozo en nosotros. "Esa alegría, a la que Cristo mismo mira con ávido deseo, es presentada en petición a su Padre: 'Yo quiero que también ellos, a quienes me has dado, estén conmigo donde yo estoy'" (Juan 17:24, RV).[344] "¡Oh, cómo anhelaba la divina Cabeza tener su iglesia con Él! Tuvieron comunión con Él en su sufrimiento y humillación, y es su mayor gozo tenerlos con Él para ser partícipes de su gloria. Cristo reclama el privilegio de tener su iglesia con Él."[345] En el juicio, Jesús ha pedido "para su pueblo no sólo perdón y justificación, plenos y completos, sino

[343] *The Voice in Speech and Song*, p. 464.

[344] *Testimonies for the Church*, vol. 6, p. 309.

[345] *Testimonies for Ministers*, p. 20.

también participación en su gloria y un asiento en su trono."[346] Ahora en el cielo su deseo divino se cumple.

Toda la Gloria a Nuestro Señor y Salvador

El apóstol Juan vio la iglesia redimida de Dios en el cielo. "Y a ella se le concedió estar vestida en lino fino, limpio y brillante, porque el lino fino son los actos justos [justicia, KJV] de los santos" (Apocalipsis 19:8). Aunque la justicia de los santos en el cielo es vista como suya, ni siquiera hay un pensamiento en la mente de los santos de que fue su justicia lo que ganó el cielo para ellos. Todos ellos claman con una sola voz: "A Aquel que nos amó y nos lavó de nuestros pecados en su propia sangre, y nos ha hecho reyes y sacerdotes a para su Dios y Padre, a Él sea gloria y dominio por los siglos de los siglos. Amén" (Apocalipsis 1:5, 6).

"Entonces yo, Juan, vi la ciudad santa, la Nueva Jerusalén, bajando del cielo de Dios, preparada como una novia adornada para su esposo. Y escuché una voz fuerte del cielo que decía: 'He aquí, el tabernáculo de Dios está con los hombres, y Él morará con ellos, y ellos serán su pueblo. Dios mismo estará con ellos y será su Dios. Y Dios enjugará toda lágrima de sus ojos; no habrá más muerte, ni tristeza, ni llanto. No habrá más dolor, porque las cosas anteriores han pasado" (Apocalipsis 21:2–4).

Jesús dijo: "Bienaventurados los mansos, porque heredarán la tierra" (Mateo 5:5). Él no se refería a la tierra tal como es ahora, con todo su pecado, guerra y enfermedad, sino a la tierra hecha nueva. Isaías esperaba con ansias esta nueva tierra cuando profetizó: "lo primero no será recordado ni vendrá a la mente". No habrá enfermedad, muerte ni violencia en toda la nueva creación de Dios (Isaías 65:17–25), porque "la obra de justicia será paz, y el efecto de justicia, quietud y seguridad para siempre" (Isaías 32:17).

[346] *The Great Controversy*, p. 483.

En la eternidad, donde el pecado nunca será experimentado de nuevo (Nahúm 1:9), cantaremos alabanzas a Dios que sólo los redimidos pueden cantar. La nuestra será una canción de alabanza nacida de nuestra experiencia de salvación a través de Jesucristo nuestro Señor y Rey, nuestro Maravilloso Juez.

> ¡Grandes y maravillosas son tus obras, Señor Dios Todopoderoso! ¡Justos y verdaderos son tus caminos, oh Rey de los santos! ¿Quién no te temerá, oh Señor, y glorificará Tu nombre? Porque sólo Tú eres santo. (Apocalipsis 15:3, 4)
>
> Y toda criatura que está en el cielo, y sobre la tierra, y debajo de la tierra, y tal como están en el mar, y todo lo que hay en ellos, escuché que decían: Bendición, y honor, y gloria, y poder, sean para Aquel que se sienta en el trono, y para el Cordero por los siglos de los siglos. (Apocalipsis 5:13)
>
> La gran controversia ha terminado. El pecado y los pecadores ya no existen. El universo entero está limpio. Un pulso de armonía y alegría late a través de la vasta creación. De Aquel que lo creó todo, fluye la vida, la luz y la alegría, a través de los reinos del espacio ilimitado. Desde el átomo más pequeño hasta el mundo más grande, todas las cosas, animadas e inanimadas, en su belleza inexpresiva y alegría perfecta, declaran que Dios es amor.[347]

De hecho, debido a que nuestro Señor y Salvador nos ha permitido por su Espíritu Santo cooperar plenamente con Él en este mundo, podemos unirnos al apóstol Pablo para decir: "Por lo demás, me está guardada la corona de justicia, que el Señor, el Juez justo, me dará en ese día, y no sólo a mí, sino también a todos los que han amado su venida" (2 Tim. 4:8).

---

[347] *The Great Controversy*, p. 678.

Anexo

Sobre la Comprensión de los Mensajes de las Escrituras

1. La obra del Espíritu Santo en la comprensión de las Escrituras. El primer criterio para entender la Biblia es dejar que el Espíritu Santo guíe su mente en la comprensión de lo que dicen las Escrituras. La Palabra de Dios y el Espíritu de Dios obran en armonía para guiar su mente y corazón en lo que la Biblia llama "el nuevo nacimiento", o conversión.[348] Sin el nuevo nacimiento, no podemos entender la verdad de la Biblia. Porque "el hombre natural no recibe las cosas del Espíritu de Dios, porque son necedades para él; tampoco puede conocerlos, porque son discernidos espiritualmente" (1 Corintios 2:14). Una evidencia del nuevo nacimiento es: "¿Quién tiene el corazón? ¿Con quién están nuestros pensamientos? ¿De quién nos encanta conversar? ¿Quién tiene nuestros afectos más cálidos y nuestras mejores energías? Si somos de Cristo, nuestros pensamientos están con Él, y nuestros pensamientos más dulces son de Él. Todo lo que tenemos y somos está consagrado a Él. Anhelamos llevar su imagen, respirar su espíritu, hacer su voluntad y agradarle en todas las cosas."[349]

Si siente que no ha experimentado el nuevo nacimiento, no se desespere. Cristo vino al mundo para dar luz a todos (Juan 1:9). Además, Dios

[348] Jesús dijo: "… a menos que uno nazca de nuevo, no puede ver [idein—ver con la sabiduría espiritual] el reino de Dios" (Juan 3:3). El apóstol Pedro escribió: "Porque habéis nacido de nuevo, no de semilla perecedera, sino de [la] [simiente] imperecedera, por medio de la palabra viva y perdurable de Dios" (1 Pedro 1:3, NVI).

[349] *Steps to Christ*, p. 58.

ha dado a todos una medida de fe (Romanos 12:3). "Pero sin fe es imposible agradarle, porque el que viene a Dios debe creer que Él lo es, y que Él es un recompensador de los que diligentemente lo buscan" (Heb. 11:6). Por lo tanto, ejercite la fe que Dios le ha dado, crea en el Señor Jesucristo y recibirá el Espíritu Santo que le dará comprensión de las cosas espirituales (Hechos 2:38, 39). Leer y creer la santa Palabra de Dios produce el nuevo nacimiento (1 Pedro 1:23).

A través de Cristo, Dios nos ha dado el Espíritu Santo para producir en nuestros corazones una comprensión de su plan de salvación. Este plan, revelado en la Sagrada Escritura, es para todos los que creen. Es el Espíritu Santo quien nos guía a toda verdad (Juan 14:26; 16:13). Por lo tanto, dado que toda la Escritura es dada por inspiración del Espíritu Santo (2 Tim. 3:16; 2 Pedro 1:19–21), se deduce que sólo el Espíritu Santo puede darnos el entendimiento o interpretación correcta de la Biblia (Juan 16:13–15).

Nuestra parte es orar por la iuminación del Espíritu Santo, que sólo Dios puede dar. Martín Lutero dijo una vez: "No podemos alcanzar la comprensión de las Escrituras ni por el estudio ni por el intelecto. Tu primer deber es comenzar por la oración. Suplica al Señor que te conceda, de su gran misericordia, el verdadero entendimiento de su palabra."[350]

Elena G. de White resumió el proceso que debemos seguir al tratar de entender la Biblia: "Deberíamos ejercer todos los poderes de la mente en el estudio de las Escrituras y deberíamos encargar el entendimiento para comprender, en la medida que es posible a los mortales, las cosas profundas de Dios; sin embargo, no debemos olvidar que la docilidad y la sumisión de un niño es el verdadero espíritu del aprendiz. Debemos "estudiar la Biblia" con dependencia en la oración hacia Dios y un deseo sincero de aprender su voluntad. Debemos venir con un espíritu humilde y enseñable para obtener conocimiento del gran YO SOY."[351]

[350] *The Great Controversy*, p. 132.
[351] *The Great Controversy*, p. 598.

2. La Biblia se explica a sí misma.

La Biblia es la palabra de Dios revelada a nosotros en lenguaje humano. "Los santos hombres de Dios hablaron en cuanto eran movidos por el Espíritu Santo" (2 Pedro 1:21), y, si se lo permitimos, la Biblia se explica a sí misma para que podamos conocer el camino de la salvación.

"La Biblia es su propio intérprete. Con hermosa simplicidad, una porción se conecta con la verdad de otra porción, hasta que toda la Biblia se mezcla en un todo armonioso. La luz brilla a partir de un texto para iluminar alguna porción de la Palabra que ha parecido más oscura".[352] Sin embargo, hay formas útiles de examinar su mensaje. La primera es recordando el principio de que la Escritura es su propio intérprete. Ejemplos de esto son cuando el Nuevo Testamento interpreta el Antiguo, un pasaje incidental es interpretado por un tratamiento sistemático del tema, y un pasaje simbólico es entendido por un pasaje que está preparado para enseñar.[353]

3. Tome la Biblia como se lee.

Dios dio la Biblia para que los honestos de corazón puedan encontrar la salvación y la restauración para participar en su reino eterno. Desde Génesis hasta Apocalipsis, la Biblia testifica de la redención que tenemos en Cristo Jesús (Juan 5:39). No se puede ser añadida ni restada; sólo puede ser iluminada. La Biblia muestra tres épocas de tratos de Dios con la humanidad para la salvación del mundo: (1) la dispensación patriarcal, desde Adán hasta el Éxodo; (2) la dispensación del santuario terrenal, desde el Éxodo hasta la cruz; y (3) la dispensación de la iglesia/santuario celestial, desde el momento en que Jesús se convirtió en nuestro Sumo Sacerdote en el santuario celestial hasta que regresa en gloria.[354] En estas épocas, el sacerdocio tomó tres formas: (1) el primogénito de la familia era el sacerdote, entonces (2) Aarón y sus descendientes eran los sacerdotes, y ahora (3) Jesús en el santuario celestial es

---

[352] *Our High Calling*, p. 207.
[353] *Acts of the Apostles*, p. 381.
[354] *Patriarchs and Prophets*, p. 373.

nuestro sacerdote. A través de estas dispensaciones, el cordero sacrificial continuó siendo el elemento central para el perdón de los pecados y la aceptación con Dios.

Al leer, veremos que el propósito general de la Biblia es traer la salvación a todos. "Toda la Biblia debe ser dada a la gente tal como se lee."[355] "El lenguaje de la Biblia debe explicarse de acuerdo con su significado obvio, a menos que se emplee un símbolo o figura. Cristo ha dado la promesa: 'Si alguno quiere hacer su voluntad, conocerá la doctrina'. Juan 7:17."[356]

4. Deje que la Biblia explique los pasajes simbólicos.

Hay muchas metáforas, o símbolos, en la Biblia. Por ejemplo, la segunda venida de Cristo es referida como "un ladrón en la noche". Debido a que esto es obviamente simbólico, necesitamos ir a un pasaje expositivo sobre la segunda venida de Cristo para entender lo que significa la metáfora. Lo mismo se aplica a otros símbolos en las Escrituras. Bajo la guía del Espíritu Santo, debemos escudriñar las Escrituras en busca de luz y comprensión de lo que la Palabra está diciendo (Hechos 17:11).

5. Un autor agrega información a otro sobre el mismo tema.

Así como Dios hizo que se dieran visiones y sueños a sus profetas, un profeta quedaría impresionado, bajo la guía del Espíritu Santo, por ciertos aspectos de la escena, y otro profeta sería impresionado por algún otro aspecto. Sin embargo, cada profeta estaba escribiendo sobre el mismo evento o tema. A medida que las Escrituras se comparan con las Escrituras, se realiza una visión más completa del evento. "La verdad bíblica... enseña que la experiencia del cristiano debe ser una de crecimiento constante, de ganancia constante en gracias y virtudes que darán fuerza al carácter y adaptarán el alma para la vida eterna."[357] De la misma manera,

[355] *The Great Controversy*, p. 521.

[356] *The Great Controversy*, p. 599.

[357] *In Heavenly Places*, p. 219; *ver también Proverbios 4:18.*

las revelaciones de Dios a nosotros revelan una progresión de la verdad revelada de una generación a otra (Isaías 58:12).

6. Usa el método de Jesús para explicar las Escritas.
El método de Jesús de dar un estudio bíblico es instructivo. Escogió un tema y luego mostró la enseñanza de todas las Escrituras con respecto a ese tema. Inmediatamente después de la Resurrección, Él escogió el tema del sufrimiento del Mesías antes de entrar en su gloria (Lucas 24:13–27; 24:44). Este método de texto de prueba puede ser muy útil a veces.

Es descrito por Isaías: "¿A quién enseñará el conocimiento? ¿Y a quién hará para entender el mensaje? ¿Los que acaban de destetar de la leche? ¿Los que acaban de sacar de los senos? Porque el precepto debe ser sobre el precepto, precepto sobre precepto, línea sobre línea, línea sobre línea, aquí un poco, allí un poco" (Isaías 28:9, 10).

7. Recuerda las imágenes del Santuario cuando leas el Nuevo Testamento.
Dado que el desarrollo de Dios sobre su plan de redención se revela progresivamente (Prov. 4:18), es muy útil considerar los símbolos del santuario y las imágenes de la salvación al estudiar tanto el Antiguo como el Nuevo Testamento. La iglesia de hoy es ahora el "Israel de Dios" (Gálatas 6:16; Efesios 2:8–16; Romanos 11:25, 26, 32). Tanto los judíos creyentes como los gentiles creyentes son considerados como el "Israel de Dios", porque el Nuevo Pacto fue hecho con la "casa de Israel y la casa de Judá" (Heb. 8:8–10) y los judíos y los gentiles son considerados como uno en Cristo (Efesios 2:11–17). Ser un verdadero israelita creyente significa serlo en el corazón (Gálatas 3:27–29; Romanos 2:28, 29). Los escritores del Nuevo Testamento eran judíos que fueron criados con una comprensión del camino de la salvación como se describe en el santuario. Las profecías y promesas de Dios en el Antiguo y Nuevo Testamentos pertenecen a los que viven en esta dispensación. Pedro dijo, "Porque para vosotros es la promesa, y para vuestros hijos, y para todos los que están lejos; para cuantos el Señor nuestro Dios llamare." (Hechos 2:39).

8. Use la comprensión de profetas inspirados más tarde de otros pasajes de las Escrituras

Cuatro principios para entender las profecías del Antiguo Testamento se presentan en el *Comentario Bíblico Adventista del Séptimo Día*. Estos han demostrado ser útiles.[358]

- Examinar la profecía en su totalidad en contexto
- Considere a quién se le dio la profecía y bajo qué circunstancias
- Determinar qué condiciones se adjuntaron a la profecía y si estas condiciones se cumplieron.
- Reconocer la aplicación que los profetas inspirados posteriormente hicieron de la misma profecía; luego, de esta manera, determine cómo se aplica ahora esa misma profecía.

También es útil reconocer que, a lo largo de la profecía, como en el resto de las Escrituras, el gran tema de la controversia entre el bien y el mal es central.

9. Recuerde que el Espíritu de Profecía es una luz menor que conduce a una luz mayor

"El Señor ha enviado a su pueblo mucha instrucción, línea sobre línea, precepto sobre precepto, aquí un poco, y allí un poco. Se presta poca atención a la Biblia, y el Señor ha dado una luz menor para guiar a los hombres y mujeres a la luz mayor."[359] Por supuesto, la luz mayor es la Biblia; los escritos de Elena G. de White, que Dios le dio para la iglesia remanente, son una luz menor. Es vital que sus escritos sean entendidos de la misma manera que las Escrituras, comparando pasaje con pasaje. Además, al igual que con las Escrituras, una declaración no puede interpretarse adecuadamente si uno ignora el contexto histórico o inmediato.

---

[358] *The Seventh-day Adventist Bible Commentary*, vol. 4 (1955 ed.), pp. 36–38.

[359] *Colporteur Ministry*, p. 125; *Review and Herald*, Jan. 20, 1903.

10. Toda verdad bíblica tiene como fundamento el amor de Dios.

El amor de Dios es la sustancia de toda la Escritura. Dios amó tanto a su creación descarriada que nos dio a Jesús para que fuera nuestro Salvador para que pudiéramos ser redimidos de nuestra condición pecaminosa. Las Escrituras testifican que "Dios es amor" (1 Juan 4:8). Arthur W. Spalding escribió pensativamente: "La relación amorosa de Dios con su creación [es] el fundamento de todo conocimiento. A menos que esta verdad [sea] central en el descubrimiento del conocimiento, ese conocimiento [es] sólo una porción de la verdad."[360]

[360] Arthur W. Spalding, *The Home Commission*, n.d., HCL6, RG104, GCAr.

Bibliografía

"28 Fundamental Beliefs." Disponible en http://1ref.us/rq, accessed 2/27/2019.

ABSG Staff, principal contributor. "Salvation by Faith Alone: The Book of Romans," *Adult Sabbath School Bible Study Guide*, 4th Quarter 2017. Nampa, ID: Pacific Press Publishing Association, 2017.

"The Amazing Prophecies of Daniel and Revelation of Jesus Christ." *These Times*, Special Issue. Nashville, TN: Southern Publishing Association of Seventh-day Adventists, 1983.

Anthony, Catherine Parker. *Textbook of Anatomy and Physiology*. Saint Louis: The C. V. Mosby Company, 1967.

"Atonement," wiktionary, Advanced English Dictionary based on WordNet© by Princeton University, disponible en http://1ref.us/rp, accessed 2/27/2019.

Bauer, Walter, William F. Arndt, and Wilbur Gingrich. *A Greek-English Lexicon of the New Testament*. Chicago: University of Chicago Press, 1957.

Bowman, Robert M., Jr. "Word-Faith Movement," disponible en http://1ref.us/rs, accessed 2/27/2019.

Calvin, Jean. Henry Beveridge, trans. *The Institutes of The Christian Religion*, Beveridge edition. Edinburgh: Calvin Translation Society, 1863.

Canali, Fernando. Class notes "Principles and Methods of Theology," Andrews University, Winter Quarter, 1991, Feb. 21 and March 12.

Chaij, Fernando. *The Impending Drama*. Nashville, TN: Southern Publishing Association, 1979.

"Contemporary Christian music." Disponible en http://1ref.us/ru, accessed 2/27/2019.

Dana, Harvey Eugene, Julian Robert Mantey. *A Manual Grammar of The Greek New Testament*. New York, The Macmillan Company, 1962.

Daniells, Arthur G. *Christ Our Righteousness: A Study of the Principles of Righteousness by Faith as Set Forth in the Word of God and the Writings of the Spirit of Prophecy*. Washington, DC: Review and Herald, 1941.

Dateline: "Lutherans, Catholics, Methodists, Reformed, and Anglicans 'drawn into deeper communion.'" *Ministry*, Pacific Press Publishing Association, Nampa, ID, December 2017, p. 4.

D'Aubigne, J. H. Merle. *History of the Reformation of the Sixteenth Century*. New York: R. Carter & Bros., 1883.

"The Emmanuel Movement." *The Review and Herald*, vol. 86, nos. 9, 10, 11 (March 4, 11, 18, 1909).

Farah, Charles. "American Pentecostals: What They Believe." *Christianity Today*, Oct. 16, 1987, p. 23.

"Francisco Ribera." Disponible en http://1ref.us/rr, accessed 2/27/2019.

Freed, Allan. *What's All the Confusion about Tongues?* File DF311, Research Center, James White Library, Andrews University, Berrien Springs, MI.

Froom, LeRoy Edwin. *Prophetic Faith of Our Fathers*, vol. 2. Washington, DC: Review and Herald, 1948.

Goff, James R., Jr. "The Faith that Claims," *Christianity Today*, Feb. 19, 1990, p. 20.

Goldstein, Clifford. *1844 Made Simple*. Nampa, ID: Pacific Press Publishing Association, 1988.

———. "Beyond Logic," *Adventist Review*, Jan. 23, 2003, p. 28.

———. *The Great Compromise*. Nampa, ID: Pacific Press Publishing Association, 2001.

Gordon, Paul A. *The Sanctuary, 1844 and the Pioneers*. Nampa, ID: Pacific Press Publishing Association, 2000.

Gulley, Norman. *Christ is Coming!* Hagerstown, MD: Review and Herald Publishing Association, 1998.

———. principal contributor. “Preparation for the End Time.” *Adult Sabbath School Bible Study Guide*, 2nd Quarter 2018. Nampa, ID: Pacific Press Publishing Association, 2018.

Hamel, Paul. *Ellen White and Music*. Washington, DC: Review and Herald Publishing Association, 1976.

Harmon, Ellen G. “Letter from Sister Harmon.” *The Day-Star*, March 14, 1846, pp. 7, 8.

Harper, Michael. *The Baptism of Fire*. Plainfield, NJ: Logos Books, 1970.

Hegstad, Roland R. *As the Spirit Speaks*. Washington, DC: Review and Herald Publishing Association, 1973.

“Key 73: No Violation.” *Christianity Today*. Carol Stream, IL: Christianity Today International, March 16, 1973.

Kittel, Gerhard, ed. Geoffrey W. Bromiley, trans. *Theological Dictionary of the New Testament*, vol. 1. Translated and edited by Geoffrey W. Bromiley. Grand Rapids, MI: Wm. B. Eerdmans Publishing Co., 1964.

McDonnell, Kilian. *Catholic Pentecostalism: Problems in Evaluation*. Watchung, NJ: Charisma Books, 1971.

“Media on the Brain—Mini Seminar.” Disponible en http://1ref.us/rt, accessed 2/27/2019.

Merriam-Webster Dictionary, iPad version.

Ministerial Association General Conference of Seventh-day Adventists. *Seventh-day Adventists Believe: A Biblical Exposition of Fundamental Doctrines*, second edition. Nampa, ID: Pacific Press Publishing Assoc., 1988, 2005.

Moulton, Harold Keeling. *The Analytical Greek Lexicon*. New York, Harper and Brothers, n.d.

Nichol, Francis D. *Ellen G. White and Her Critics: An Answer to the Major Charges that Critics Have Brought Against Mrs. Ellen G. White*. Takoma Park, Washington, DC: Review and Herald, 1951.

Neuffeld, Don, ed. *The Seventh-day Adventist Bible Commentary*, Washington, DC: Review and Herald Publishing Association, vol. 1, 1953; vol. 2, 1953; vol. 3, 1954; vol. 4, 1955; vol. 5, 1956; vol. 6, 1956; vol. 7, 1957.

Noll, Mark A. and Carolyn Nystrom. *Is The Reformation Over? An Evangelical Assessment of Contemporary Roman Catholicism*. Grand Rapids, MI: Baker Academic, 2005.

Palmer. "Pope Francis Sends Video Message to Kenneth Copeland – Lets Unite." Disponible en http://1ref.us/km, accessed 2/27/2019.

Phillips, McCandlish. "And there appeared to them tongues of fire." *Saturday Evening Post*, May 16, 1964, pp. 31–33, 39, 40.

Pomerville, Paul A. *The Third Force in Missions: A Pentecostal Contribution to Contemporary Mission Theology*. Peabody, MA: Hendrickson Publishers, 2016.

Pröbstle, Martin, principal contributor. "The Sanctuary." *Adult Sabbath School Bible Study Guide*, 4th Quarter 2013. Nampa, ID: Pacific Press Publishing Association, 2013.

———. *Where God and I Meet: The Sanctuary*. Hagerstown, MD: Review and Herald Publishing Association, 2013.

Questions on Doctrine. Washington, DC: Review and Herald Publishing Association, 1957.

Ranaghan, Kevin and Dorothy. *Catholic Pentecostals*. Paramus, NJ: Pau- list Press Dues Books, 1969.

Random House Kernerman Webster's College Dictionary. New York: Random House, 1991, 1997, 2005.

The Seventh-day Adventist Hymnal. Hagerstown, MD: Review and Herald Publishing Association, 1985.

Sherrill, John L. *They Speak with Other Tongues*. New York: McGraw-Hill/Spire, 1968.

Spalding, Arthur W. *The Home Commission*. Washington, DC: General Conference of Seventh-day Adventists, n.d. HCL6, RG104, GCAr.

Synan, Vinson. *Charismatic Bridges*. Ann Arbor, MI: Word of Life, 1974.

Wesley, John. *Sermons on Several Occasions*. vol. 1. London: Mason, 1829.

White, Ellen G. *The Acts of the Apostles*. Mountain View, CA: Pacific Press Publishing Association, 1911.

———. *The Adventist Home*. Hagerstown, MD: Review and Herald Publishing Association, 1952.

———. *Child Guidance*. Washington, DC: Review and Herald Publishing Association, 1954.

———. *Christian Education*. Battle Creek, MI: International Tract Society, 1894.

———. *Christian Experience and Teachings of Ellen G. White*. Pacific Press Publishing Association, 1922.

———. *Christ's Object Lessons*. Washington, DC: Review and Herald Publishing Association, 1900.

———. *Colporteur Ministry*. Mountain View, CA: Pacific Press Publishing Association, 1953.

———. *Conflict and Courage*. Washington, DC: Review and Herald Publishing Association, 1970.

———. *Counsels on Diet and Foods*. Washington, DC: Review and Herald Publishing Association, 1938.

———. *Counsels on Stewardship*. Washington, DC: Review and Herald Publishing Association, 1940.

———. *Counsels to Parents, Teachers, and Students*. Mountain View, CA: Pacific Press Publishing Association, 1913.

———. *Darkness before Dawn*. Nampa, ID: Pacific Press Publishing Association, 1997.

———. *The Desire of Ages*. Mountain View, CA: Pacific Press Publishing Association, 1898.

———. *Early Writings*. Washington, DC: Review and Herald Publishing Association, 1882.

———. "Words of Exhortation and Warning (Concluded)." *Educational Messenger*, Sept. 11, 1908.

———. *Evangelism*. Washington, DC: Review and Herald Publishing Association, 1946.

———. *The Faith I Live By*. Washington, DC: Review and Herald Publishing Association, 1958.

———. *God's Amazing Grace*. Washington, DC: Review and Herald Publishing Association, 1973.

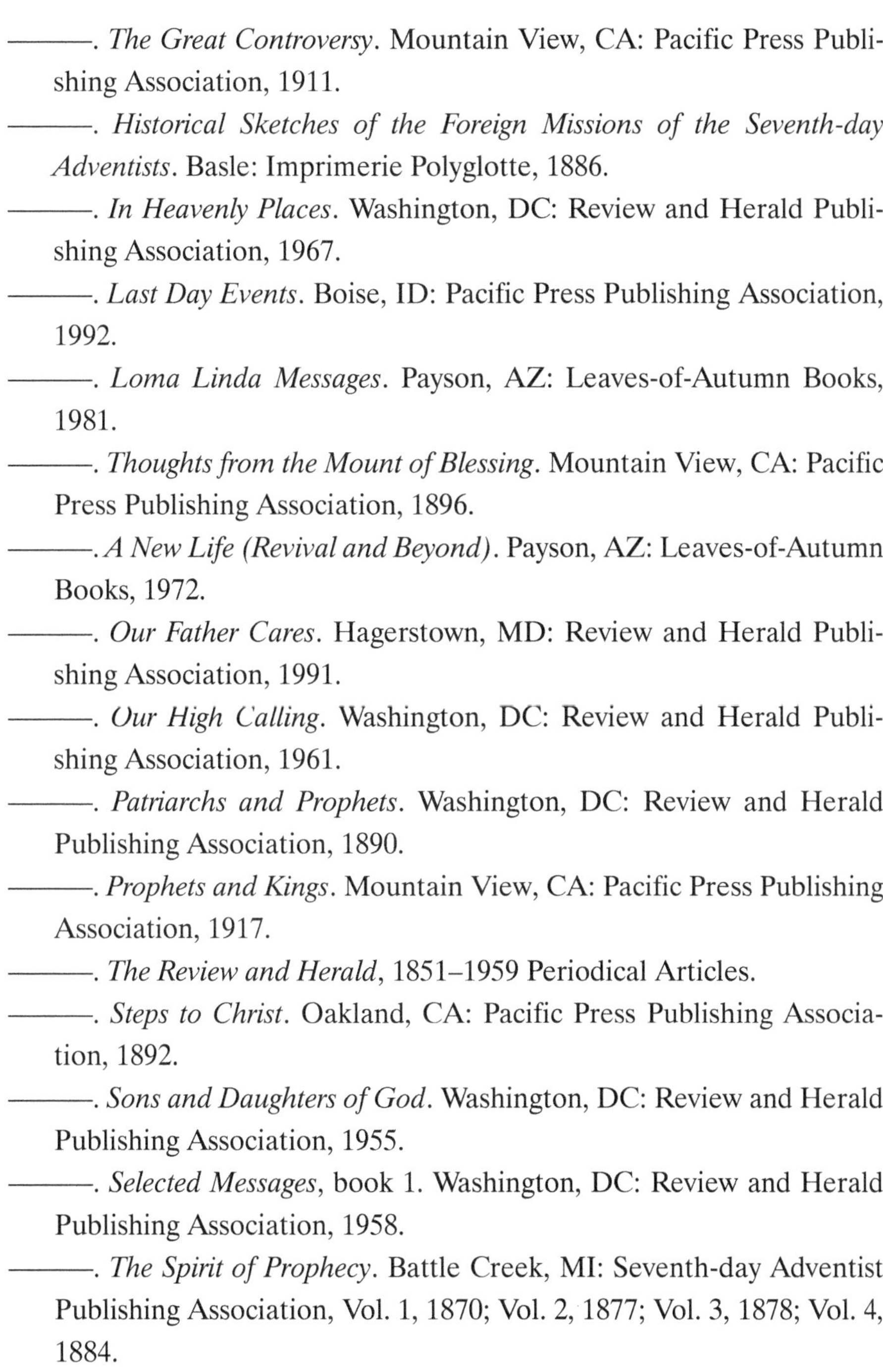

———. *The Great Controversy*. Mountain View, CA: Pacific Press Publishing Association, 1911.

———. *Historical Sketches of the Foreign Missions of the Seventh-day Adventists*. Basle: Imprimerie Polyglotte, 1886.

———. *In Heavenly Places*. Washington, DC: Review and Herald Publishing Association, 1967.

———. *Last Day Events*. Boise, ID: Pacific Press Publishing Association, 1992.

———. *Loma Linda Messages*. Payson, AZ: Leaves-of-Autumn Books, 1981.

———. *Thoughts from the Mount of Blessing*. Mountain View, CA: Pacific Press Publishing Association, 1896.

———. *A New Life (Revival and Beyond)*. Payson, AZ: Leaves-of-Autumn Books, 1972.

———. *Our Father Cares*. Hagerstown, MD: Review and Herald Publishing Association, 1991.

———. *Our High Calling*. Washington, DC: Review and Herald Publishing Association, 1961.

———. *Patriarchs and Prophets*. Washington, DC: Review and Herald Publishing Association, 1890.

———. *Prophets and Kings*. Mountain View, CA: Pacific Press Publishing Association, 1917.

———. *The Review and Herald*, 1851–1959 Periodical Articles.

———. *Steps to Christ*. Oakland, CA: Pacific Press Publishing Association, 1892.

———. *Sons and Daughters of God*. Washington, DC: Review and Herald Publishing Association, 1955.

———. *Selected Messages*, book 1. Washington, DC: Review and Herald Publishing Association, 1958.

———. *The Spirit of Prophecy*. Battle Creek, MI: Seventh-day Adventist Publishing Association, Vol. 1, 1870; Vol. 2, 1877; Vol. 3, 1878; Vol. 4, 1884.

———. *Signs of the Times*, Periodical Articles, 1874–1915.

———. *Testimonies for the Church*. Mountain View, CA: Pacific Press Publishing Association, Vol. 1, 1868; Vol. 2, 1871; Vol. 3, 1875, Vol. 4, 1881; Vol. 5, 1889; Vol. 6, 1901; Vol. 7, 1902; Vol. 8, 1904; Vol. 9, 1909.

———. *Testimonies to Ministers and Gospel Workers*. Mountain View, CA: Pacific Press Publishing Association, 1923.

———. *True Revival: The Church's Greatest Need*. Hagerstown, MD, Review and Herald Publishing Association, 2010.

———. *The Voice in Speech and Song*. Boise, ID: Pacific Press Publishing Association, 1988.

White, Ellen G. and James. "To the Little Flock Scattered Abroad." April 6, 1846.

Le invitamos a ver la
completa selección de títulos que
publicamos en: **www.TEACHServices.com**

Le animamos a que nos escriba con lo
que piensa sobre este, o cualquier otro
libro que publiquemos en: **info@TEACHServices.com**

Los títulos de TEACH Services se pueden
comprar a granel para fines educativos,
de recaudación de fondos, comerciales o
promocionales. **bulksales@TEACHServices.com**

Finalmente, si está interesado en ver su
propio libro impreso,
contáctenos en: **publishing@TEACHServices.com**

Estaremos encantados de revisar su escrito sin cargo.